AF450887

MÚSICA CLÁSICA

EDGAR MARTÍN

Ilustraciones de CARMELO CAATRAD

www.musicaclasica.guiaburros.es

EDITATUM

Si después de leer este libro, lo ha considerado útil e interesante, le agradeceríamos que hiciera sobre él una **reseña honesta en Amazon** y nos enviara un e-mail a **opiniones@guiaburros.es** para poder, desde la editorial, enviarle **como regalo otro libro de nuestra colección.**

Agradecimientos

Aprovecho para agradecer a todas las personas que me han ayudado durante este hermoso viaje de escritura: a mi madre Tere, a mi padre Policarpo y a mi hermano David, por su permanente apoyo incondicional; a mi novia Irene por sus valiosos consejos y por saber estar y dejar estar en todos los momentos de mi proceso; a mi amigo y compañero Gonzalo Castillero, por su sabiduría y buen hacer; a Carmelo por sus ilustraciones que ensalzan el texto y, por supuesto, a Sebas, por ofrecerme esta maravillosa oportunidad de aprender y disfrutar escribiendo este libro.

Sobre el autor

 **Edgar Martín** es Director de orquesta, maestro y divulgador musical. Cómo director de orquesta ha dirigido diferentes formaciones por todo el mundo, Argentina, República Checa, Ucrania, Estados Unidos, República Dominicana, etc.

Como maestro ha tenido la suerte de aprender de muchos alumnos durante estos más de veinte primeros años de carrera pedagógica.

Como divulgador musical ha participado en diferentes proyectos como ponente y comisario para acercar la música clásica a públicos muy diferentes. También ha colaborado en diferentes cadenas de radio y televisión haciendo cercana la música clásica.

Un punto clave en su vida fue el verano del año 2011 en el que estuvo colaborando en Camboya con niños en situación desfavorable y formó un coro de más de seiscientos niños camboyanos para cantar la novena sinfonía de Beethoven y desde la música intentar hacer de su día a día algo más bonito. Actualmente es director de la Orquesta Sinfónica Camerata Musicalis con la que está llevando a cabo su proyecto de divulgación musical *¿Por Qué Es Especial?* Un concierto en el que en la primera parte explica de una manera llana y divertida la obra que se interpreta en la segunda parte del concierto.

Índice

Introducción

Estimado y curioso lector, ante usted tiene un libro que le va a abrir las puertas a ese mundo extraño y desconocido al que mucha gente, incluso quizá usted mismo, ha tenido miedo en algún momento de su vida: la "Música Clásica".

Le comprendo perfectamente. De primeras, el nombre *huele* un poco a viejo, pero no prejuzguemos una música solamente por el nombre que le han otorgado para distinguirla de otros estilos musicales.

La música clásica le gusta a todo el mundo; lo que ocurre es que todavía no lo saben. Quizá los clichés o la atmósfera que la rodeaba hasta ahora no han ayudado a su difusión en nuestra sociedad, pero esto está cambiando y el primer paso lo está dando usted leyendo este libro.

Lo importante de esta lectura es que sea una investigación personal. En un primer momento, no puede gustarle todo. No se preocupe, es normal. Cuando escuche a un compositor que le guste, investigue a otros compositores de la misma época, a ver si ese estilo le sigue agradando.

A lo largo de la historia hay muchos y muy grandes compositores. En esta guía no están todos los que son, pero son todos los que están.

El libro está ordenado cronológicamente de manera que pueda ser leído de forma ordenada o salteada, yendo directamente a un compositor o a una época determinada. Lo más importante es que no lo lea y lo escuche todo en un día, porque si lo hace, aborrecerá todo.

Lo que tiene aquí, querido lector, son pequeñas cerezas dulces. Si se come todo el canasto en un día, le sentarán mal. Mi intención es que pueda comer cerezas todos los días del año.

A lo largo de la lectura encontrará palabras un poco técnicas. Estos términos están marcados con un asterisco (*) y recogidos en un **Glosario** al final del libro, donde son explicadas con un lenguaje más accesible.

Además, como en esta guía —breve pero útil— no cabían todos los compositores de la historia, les he reservado un apartado donde aparecen muchos de aquellos que no he podido desarrollar en este libro, junto con una de sus obras de mi predilección, (lo cual no quiere decir, naturalmente, que sea la mejor de ese autor).

Una pequeña recomendación general: escuche las obras sin apoyo visual. Si utiliza algún medio en el que pueda aparecer una orquesta tocando o dibujos o imágenes… apague esa pantalla o cierre los ojos. No tenga miedo a dejarse llevar solo y únicamente por la magia del sonido.

¡Espero que usted también lo disfrute tanto o más que yo!

Giovanni Pierluigi da Palestrina (1525-1594)

Una pluma inconfundible

Palestrina es el principal representante de la Escuela Romana del siglo XVI, cuyo centro de actuación fue la Capilla Papal de Roma. Nos encontramos en la Contrarreforma de la Iglesia católica y en el periodo en el que el Concilio de Trento (1545-1563) aprobó unas nuevas características para la música eclesiástica.

Una de las principales medidas adoptadas en este Concilio era que el texto de las piezas se pudiese entender cuando era cantado. Con el apoyo de la Contrarreforma, Palestrina se convirtió en el paradigma de la música eclesiástica polifónica católica al hacer una música vocal completamente comprensible.

Giovanni Pierluigi fue organista en Palestrina, la pequeña localidad en la que nació, ubicada muy cerca de Roma, en la provincia del Lacio. Más tarde fue cantor en la capilla de San Pedro de Roma y maestro de capilla en Letrán y San Pedro, entre otros cargos que ostentó a lo largo de su vida.

Ser maestro de capilla implicaba encargarse de toda la vida musical del templo, dirigiendo, componiendo, dando clase a los cantores y preparando la música sacra de los oficios, o de la música profana en las fiestas cortesanas.

La obra de Palestrina es vocal en su totalidad. En ella podemos encontrar más de noventa misas, entre las que tenemos que destacar la *Missa Papae Marcelli* y la *L'homme armé,* más de quinientos motetes* y de cien madrigales* sacros y profanos, así como muchas otras obras sueltas.

Su estilo se considera la cúspide de la polifonía*, con un claro uso del contrapunto* que será un ejemplo a seguir por todos los compositores posteriores.

Tecnicismos aparte, si usted, querido lector, desea disfrutar de una música tranquila, donde se pueda quedar absorto intentando escuchar las entradas de cada una de las voces y cómo estas tienen vida propia individualmente, formando un maravilloso Todo al mismo tiempo, Palestrina es su compositor.

Mi recomendación

Regina Coeli. Una obra de menos de cuatro minutos que resume a la perfección el estilo de Palestrina, con un canto en el que las cuatro voces son fáciles de seguir. Ideal para adentrarse en el mundo vocal del Renacimiento*.

Anecdotario

¿Sabía que… uno de los mayores fans de Palestrina fue el mismísimo papa Sixto V? Este, tras asistir al estreno de una de las misas de Palestrina en la iglesia de Santa María Maggiore de Roma, salió sonriente del templo diciéndole a todo el mundo: "Esta misa no podría haber salido de la pluma de otro que no fuera Palestrina".

Con esta anécdota nos damos cuenta del singular estilo que diferenciaba a Palestrina del resto de compositores de su época.

Tomás Luis de Victoria (1548-1611)

El multimillonario retirado

Nos encontramos ante uno de los principales músicos españoles de todos los siglos. Con tan solo veinte años fue enviado a Roma con una pensión de Felipe II, para estudiar en el Colegio Germánico y cantar en su capilla.

El Colegio Germánico había sido fundado por los jesuitas para combatir el protestantismo. Le recuerdo que estamos, igual que sucedía con Palestrina, en el periodo de la Contrarreforma de la Iglesia católica y el Concilio de Trento.

Esta Contrarreforma, como se pueden imaginar, dividió a la Iglesia en dos grupos: los que apoyaron la contrarreforma y los que protestaban por la Reforma.

El Colegio Germánico era de los que estaba a favor de la Contrarreforma, y por ello Tomás Luis de Victoria pudo estudiar con Palestrina, de quien aprendió todo lo relacionado con la polifonía y el contrapunto.

Victoria vivió durante trece años en Roma, trabajando como capellán cantor y luego como maestro de capilla en San Apolinar.

Al enviudar María de Austria, emperatriz consorte del emperador del Sacro Imperio Romano Germánico, Victoria regresa a Madrid para ser maestro de capilla y ofrecernos toda su calidad musical.

La obra de nuestro compositor abarca una veintena de misas, cuarenta y cuatro motetes, dos oficios, varios salmos y una multitud de obras sacras sueltas.

Destacamos de la gran obra de Victoria sus misas *Ave Regina Caelorum* y *O Magnum Mysterium*, su himno *Pangue Lingua*, y su antífona* *Salve Regina a ocho voces*.

Mi recomendación

Ave Maria, a cuatro voces. Una obra cortita, en la que podemos escuchar las características mencionadas más arriba, con las exigencias que pedía la Contrarreforma a la música sacra: inteligibilidad del texto, dignidad y misticismo. Y todo ello con un estilo cuidado y un contrapunto limpio, en el que escuchamos claramente cada una de las voces que participan.

Sin duda, una joya musical de nuestro compositor español más internacional del renacimiento.

Anecdotario

¿Sabía que… a pesar de haber vivido durante la última etapa de su vida retirado en el Monasterio de las Descalzas Reales (en la actual plaza que lleva su nombre en Madrid), Tomás Luis de Victoria era bastante adinerado?

Tenía el sueldo de capellán de la emperatriz María de Austria y el de maestro de capilla del convento, abundantes contratos *honoríficos* en las más importantes diócesis españolas y, por si esto fuera poco, cuando murió la emperatriz en 1606, Fernando III le duplicó la pensión por los grandes desvelos que tuvo para con la difunta.

Como apenas tenía gastos por vivir en el monasterio, Victoria se gastaba el dinero en editarse sus propias obras (algo muy inusual en aquella época) en lujosísimas ediciones que causaban admiración y algo de envidia de las grandes capillas europeas, incluida la capilla papal en Roma.

Henry Purcell (1659-1695)

Todo por unas cervezas

Nos trasladamos ahora a la Inglaterra del Barroco*, bajo el reinado de Carlos II de Inglaterra, donde destacó sobremanera el protagonista de este capítulo. Henry Purcell no fue solo el principal músico inglés de su época, sino uno de los más notables de Europa, debido sobre todo a su música escénica.

Purcell comenzó su carrera artística como miembro del coro infantil de la Capilla Real, y poco a poco fue avanzando, como miembro de la orquesta "Violines del Rey", hasta convertirse en organista de la abadía de Westminster, y más tarde de la Capilla Real.

A partir de la década de los años ochenta del siglo XVII ya era un reconocido compositor, recibiendo múltiples encargos.

Se dice de Purcell que convertía en oro musical todo lo que tocaba; daba igual si era género vocal o instrumental, profano o religioso, culto o popular...

Su repertorio abarca todos los estilos. El catálogo del maestro de Westminster comprende un total de ochocientas sesenta y una obras. En ellas se puede apreciar una influencia inglesa por parte de la familia, una francesa por parte de sus profesores, y una italiana por estar esta de moda en Inglaterra desde 1680.

Por lo tanto, tenemos aquí a un compositor *esponja*, que absorbía todo para combinarlo muy bien, dejándonos lo mejor.

Mi recomendación

Mi recomendación personal es que escoja usted, querido lector, una obra de Purcell del género que más le guste y pruebe. Estoy seguro de que no defraudará.

- Si es usted un amante del género operístico, pruebe con *Dido y Eneas*, *El rey Arturo* o *La reina de las hadas* (basada en *El sueño de una noche de verano* de Shakespeare).

- Si prefiere la música sacra, pruebe con *Music for the funeral of Queen Mary*.

- Si lo que le gusta es la música vocal profana, pruebe con *Ode for Queen Mary* o *Music for a while*. Pero si lo que realmente le emociona es la música instrumental, escuche cualquiera de sus suites o conciertos; por ejemplo, *Trumpet tune.*

Si no se decide por ninguna de las anteriores, yo le propongo escuchar:

- *Abdelazer Suite: Rondeau.* Una danza sencilla en la que el estribillo es una melodía alegre y enérgica que se intercala con estrofas contrastantes. Está escrita con ese buen gusto que caracteriza a Purcell y que nos llena de alegría, gracias a su estribillo instrumental pegadizo.

Anecdotario

¿Sabía que… Purcell, al igual que Mozart, murió a la temprana edad de treinta y seis años? Una fría noche londinense, en contra de la opinión de su mujer, el compositor salió a tomar unas cervezas con unos amigos.

Cuando llegó a su casa, ya bastante tarde, su mujer, que estaba bastante enfadada, le había cerrado la puerta con llave y no pudo entrar. De este modo, se pasó toda la noche pegado al pomo de su puerta.

A resultas de aquello, el pobre Purcell cogió una pulmonía tremenda, a consecuencia de la cual moriría poco tiempo después. ¡Nunca unas cervezas con amigos hicieron tanto daño a la historia de la música!

Antonio Vivaldi (1678-1741)

El polifacético

Dejamos Inglaterra y viajamos ahora hasta Italia. Podemos decir que el Barroco italiano fue el que abrió las puertas a la música ligera (bien entendida) y a la diversión.

Debe usted entender, amable lector, que esto es solo una breve guía, y que me veo obligado a limitar el número de compositores, pero si me lo permite y todavía no es usted muy melómano, le recomiendo empezar por el Barroco italiano (Vivaldi, Corelli o cualquier compositor transalpino de entre 1650 y 1740), continuar con el Barroco inglés (Purcell o cualquier compositor británico del siglo XVII), seguir avanzando por el Barroco francés (Lully o cualquier compositor galo aproximadamente de la misma época,) para terminar por el Barroco alemán (Bach o cualquier compositor germano de entre 1630 y 1720).

A la hora de hablar de Vivaldi me gustaría hacer referencia a cuatro Vivaldis diferentes:

1. **El Vivaldi violinista**. Se dice que era tan virtuoso que el Papa le llamó dos veces a sus aposentos para poder escucharle en privado.

2. **El Vivaldi cura**, (aunque no lo fuera por vocación). Se trataba de un desenlace lógico en la época, en especial en las familias numerosas, y nuestro protagonista fue el primero de cinco hijos. Al no existir el derecho de primogenitura en Venecia, ciudad en la que nació Vivaldi, un hijo sacerdote evitaba la dispersión de los bienes de la familia, al mismo tiempo que le aseguraba una buena cultura y un empleo tan estable como prestigioso. Ante esta situación, no quedaba otra más que nuestro Antonio tomara los hábitos.

3. **El Vivaldi maestro**. En Venecia había cuatro importantes hospicios, y Vivaldi fue el maestro de uno de ellos: el Orfanato femenino de La Pietá donde ejerció su labor durante más de veintitrés años. Por ese motivo compuso numerosos conciertos para diferentes instrumentos, con el fin de que que todas las huérfanas que allí residían pudieran participar en la orquesta, mostrando sus cualidades.

4. **El Vivaldi empresario**. Su juventud está marcada por el apogeo de la ópera veneciana, género popular por excelencia. Vivaldi, preocupado por el dinero, fue empresario del Teatro Sant'Angelo, acumulando así un triple sueldo: el de compositor, el de instrumentista-director musical y el de empresario.

Pero vayamos con la faceta que más nos interesa de Vivaldi: la de compositor. Su producción fue numerosísima: escribió cuarenta y seis óperas, ciento noventa y cinco composiciones vocales entre las que se cuentan sesenta obras sacras, cuarenta y cinco cantatas de cámara, ocho obras escénicas breves y setenta sonatas, así como quinientas cincuenta y cuatro composiciones instrumentales, en su mayoría conciertos. Los más conocidos son los doce que componen *Il cimento dell'Armonia e dell'Invenzione* (1725).

Los primeros cuatro conciertos incluyen las célebres *Cuatro estaciones*: el nº 1 en Mi mayor, conocido como *La primavera*; el nº 2 en Sol menor: *El verano*; el nº 3 en Fa mayor: *El otoño*, y el nº 4 en Fa menor: *El invierno*.

Mi recomendación

- Si no ha escuchado las archiconocidas *Cuatro estaciones* no deje de hacerlo, a ser posible leyendo los versos que hacen referencia a cada parte musical.
- *Gloria in excelsis Deo.* Una obra con fuerza y profundidad, diferente del Vivaldi que conocemos todos a partir de sus conciertos.
- Si es usted muy atrevido y quiere descubrir un Vivaldi mucho más diferente, profundo, místico y arrollador, le invito a escuchar el *Magnificat* y el *Stabat Mater.*

¿Sabía que... Vivaldi, cuando estaba oficiando una de las dos únicas misas que celebró en vida, se salió a la sacristía en mitad de la eucaristía para escribir una melodía que se le acababa de ocurrir? Con esto deja en evidencia que era más músico que cura...

Johann Sebastian Bach (1685-1759)

El genio con genio

Si he de ser sincero, Juan Sebastián Bach es, a mi juicio, *maestro de maestros*. Perteneciente al periodo del Barroco alemán, fue y es una referencia para todos los grandes compositores posteriores.

Como todo gran genio, fue incomprendido en su época, o al menos infravalorado. Trabajó como maestro de capilla de algunas iglesias alemanas y estuvo en la corte de Weimar y Köthen, donde desempeñó numerosos cargos.

Entre los más destacados está el de, *kantor* (músico-director) de la iglesia de Santo Tomás de Leipzig, cargo que no le fue fácil conseguir, ya que quedó tercero en la selección. Finalmente obtuvo el trabajo, pero bajo unas condiciones lamentables, teniendo que hacer muchas más tareas de las que le corresponderían a un músico-director. Para que nos hagamos una idea, además de su labor como responsable musical, tenía que dar clase de latín en la escuela y entregar una nueva cantata* cada mes. Hablando en plata, podemos decir que fue un gran músico explotado en vida.

Entre muchas de las terribles situaciones que vivió, es interesante destacar su estancia en la cárcel, como ejemplo de las adversidades que Bach tuvo que soportar. El duque de la corte de Weimar encarceló durante cuatro semanas al gran compositor alemán por haber aceptado el nombramiento de maestro de capilla del príncipe Leopold de Köthen. ¡Increíble!

Su obra tuvo que esperar más de cien años después de su muerte para ser admirada por el mundo entero. Fue un joven músico llamado Félix Mendelssohn quien, en 1829, reestrenó la obra *Pasión según San Mateo* en Berlín, siendo este un acontecimiento nacional en Alemania. Este hecho supuso el descubrimiento de lo que hoy es el gran genio indiscutible.

Su producción consta de más de mil obras, unas quinientas veinticinco vocales y quinientas cincuenta instrumentales. Voy a enumerar unas pocas y luego le recomendaré, querido lector, un par de joyitas que no puede pasar por alto.

En cuanto a la música vocal, piense que son, en su mayoría, obras sacras. La fuerte devoción que mostraba Bach a Dios y su buen hacer musical eran la combinación perfecta para hacer de la música algo sublime.

Personalmente, me gustan mucho el *Magnificat* y la *Misa en Si menor*, con el indescriptible momento de plenitud que crea esta música. Por supuesto, también tenemos las *Pasiones* (*Pasión según San Mateo* y *Pasión según San Juan*), dos obras también sublimes, aunque, si se escuchan por primera vez, pueden ser un poco más duras. Yo no empezaría por ellas.

En cuanto a la música instrumental, destacan cualquiera de los *Conciertos de Brandeburgo* (tiene cinco), el concierto italiano para clavicémbalo, las suites para violonchelo solo, las sonatas y partitas para violín solo y las suites para orquesta.

Una obra muy especial de Bach es *El clave bien temperado*, un conjunto de doce piezas para clavicémbalo con el que afirma musicalmente que el sistema de composición basado en la tonalidad* es el futuro.

Bach consigue hacer realidad a través de una obra un tratado de teoría musical que sigue vivo hasta nuestros días. Una vez más, me quito el sombrero.

Robert Schumann, otro compositor que veremos en el Romanticismo*, dijo: "Bach es a la música lo que un fundador a su religión". ¡Cuánta razón!

Mi recomendación

- *Pasión según San Mateo* - aria* *Erbarme dich*. Indescriptible. No puedo expresar por qué he decidido elegir este número. Dígame usted, querido lector, lo que siente cuando lo escucha… Ya se lo adelanto yo: no va a tener palabras. Esta música está por encima de cualquier explicación.

- *Concierto para violín y oboe en Do menor.* Le invito a que lo escuche entero. Está formado por tres movimientos*. He escogido esta obra para mostrar la elegancia y la serenidad que transmite la música de Bach.

  Al escuchar este concierto descubrirá que no es necesario que la música sea lenta para crear paz y sosiego. Le invito a que, tras la audición de esta obra, escuche cualquier concierto para oboe de Vivaldi. Verá la diferencia que comentaba anteriormente entre los Barrocos italiano y alemán.

- *Pasacaglia en Do menor* para órgano. Puede que, de entre toda la obra de Bach, posiblemente esta sea un poco más dura de escuchar y, sobre todo, menos conocida. Pero si está atento a esa melodía inicial de quince sonidos, e intenta escuchar cómo esta secuencia se repite constantemente de manera incesante, le aseguro que esa misma melodía irá transformándose a través de la repetición como si de alquimia se tratase, transportándonos a muy diferentes estados.

  Con esta obra, estimado lector, entenderá a la perfección lo que es el contrapunto, y me comprenderá cuando digo que Bach es el *maestro de maestros.*

¿Sabía que… Bach se casó dos veces? Con su primera esposa tuvo siete hijos, y con la segunda, trece; en total, veinte hijos. ¡En esto también era un artista!

Como el dato de que Bach tuvo veinte hijos es prácticamente conocido por todos, le voy a contar otra anécdota:

¿Sabía que... aunque Johann Sebastian mostraba siempre mucha amabilidad, era un hombre con mucho carácter, y más cuando se trataba de música? Pues bien, durante el estreno de su *Cantata BWV 75* en la iglesia de Santo Tomás en Leipzig, cuando el organista falló un par de notas durante su interpretación, Bach, lleno de furia, se acercó a él corriendo. Con gran genio le agarró la peluca y, tirándosela a la cara, le dijo: "¡Debería haber sido zapatero en vez de organista!".

Ya ven qué carácter. Ante Bach, con la música no se jugaba.

Franz Joseph Haydn (1732-1809)

Música con humor

¡Señores, estamos ante el *padre* del Clasicismo*! Creo que, de los tres grandes clásicos, si incluimos a Beethoven, Haydn es el más desconocido y el más importante.

Fue el maestro de Beethoven y de Mozart, y gozó del respeto de todo el mundo. En vida fue realmente toda una autoridad: lo que decía *papá Joseph* iba a misa.

Nacido en Rohrau del Leitha (Austria), en una familia de constructores de carruajes, a los ocho años entra como niño cantor en la Catedral de San Esteban de Viena. En 1759 es nombrado maestro de capilla del conde Morzin en el Palacio Lukawitz, y en 1761 se une a la familia

Eszterhazy al ser nombrado segundo maestro de capilla, cargo que desempeñó hasta 1776. Ese año, debido a la muerte de Gregor Werner, Haydn es ascendido a primer maestro de capilla, teniendo que ocuparse de la música religiosa y de realizar dos representaciones de ópera y dos conciertos sinfónicos a la semana, así como numerosa música de cámara en el palacio y en los jardines. Ahora entendemos por qué la producción de Haydn fue tan extensa.

Haydn compuso ciento cuatro sinfonías, sesenta y ocho cuartetos de cuerda, sesenta y dos sonatas para piano, catorce misas, trece óperas y muchas obras más.

Sinceramente, querido lector, le aconsejo que, cuando ya esté cómodo con Palestrina, con Bach, con Mozart, con Schubert y con algún otro compositor romántico, regrese a este capítulo de Haydn y escuche alguna de mis recomendaciones.

¿Por qué le digo esto? Porque Haydn, como buen padre, a veces es difícil de comprender, y si hablamos de música, en ocasiones es complicado de escuchar o de que nos llegue con la misma profundidad que Beethoven.

Debemos entender que Franz Joseph Haydn es el tránsito del Barroco al Clasicismo. Pensemos que convive con el maestro Bach durante dieciocho años (1732-1750), es decir, que su infancia y sus estudios están fundamentados en el Barroco.

Si vivir una transición siempre es complicado, imagínese ser el responsable de crearla, contribuyendo a pasar de un estilo recargado basado en el contrapunto, como era el Barroco, a un estilo galante donde lo que prima es la melodía acompañada.

Hay que ser muy valiente para enfrentarse a lo establecido y cambiar… Eso hizo Haydn. Puso de moda el cuarteto de cuerda como formación elegante y de mayor importancia, que demostraba si eras verdaderamente un gran compositor o no.

Además, hizo de la sinfonía la obra orquestal por excelencia. En resumen, un auténtico revolucionario.

De entre todas las obras que he mencionado anteriormente, yo destacaría unas pocas, suficientes para tener una pequeña guía: el *Concierto para violín en Sol mayor*, el *Concierto para violonchelo en Re mayor*, el oratorio *La Creación*, los *Cuartetos de cuerda Op. 33*, la obra instrumental *Las siete últimas palabras de Cristo en la cruz* (obra que además se estrenó en España, concretamente en Cádiz) y las sinfonías 45, 88, 94, 99 y 101.

Aunque, como ya hemos dicho, a veces puede resultar un poco complicado escuchar a Haydn, el humor estuvo muchas veces presente en su música. Por ejemplo, la sinfonía nº 101 se llama *El reloj* porque en el segundo movimiento imita un segundero mientras suena la melodía principal.

Con la sinfonía n° 45, llamada *Sinfonía de los adioses,* pidió al rey vacaciones para sus músicos. Busque la anécdota por internet y luego vea un vídeo de la obra representada como en la época... Lo entenderá todo, y estoy convencido de que esbozará una pequeña sonrisa, porque en efecto es muy ingenioso... Así era Haydn.

Mi recomendación

Mi recomendación para entrar un poco al maravilloso *mundo Haydn* son un par de obras muy diferentes:

- *Cuarteto Op. 33, n° 2 'La broma' - 4° movimiento.* He elegido de entrada esta pequeña pieza para que se ría usted y vea cómo Haydn disfruta con la música *vacilando* a los oyentes. Escúchela hasta el final y como si estuviera en una sala de conciertos, sin miedo a que nadie le vea, le oiga o le juzgue... Aplauda cuando crea que la obra ha terminado. Entenderá cómo juega Haydn y también cómo en el siglo XVIII tenían los mismos problemas que tenemos hoy con respecto a cuándo tenemos que aplaudir. ¿Ha terminado ya? Jejeje, disfruten.

- *La Creación – I. La representación del caos.* Esta obra es un oratorio precioso en el que Haydn describe la creación del mundo siguiendo el Génesis del Antiguo Testamento. El oratorio completo viene a durar unas dos horas aproximadamente. Yo le propongo únicamente el primer número, la representación del caos. Esta dura ocho minutos, pero con que escuche los cinco primeros es más que suficiente. No se sienta culpable si durante los últimos tres minutos no puede más... Disfrute del comienzo, de lo bien que nos describe esa explosión del Big Bang y de cómo los planetas y el caos se expanden por la galaxia... Si lo escucha sin prejuicios podría haber sido la mejor banda sonora de cualquier película de Steven Spielberg sobre el espacio.

Anecdotario

¿Sabía que... Haydn y Mozart eran grandes amigos y se profesaban una admiración mutua? En una ocación, Mozart quiso gastar una broma a Haydn y le presentó una partitura diciéndole:

"Maestro, ¿a que no puede usted tocar esta pieza?"

Haydn puso la partitura en el piano y empezó a tocar sin problemas, pero llegó un momento en que se vio obligado a detenerse, y le dijo a Mozart:

"No puedo continuar. Habéis escrito una nota que es imposible tocar, puesto que me faltan dedos".

Esa nota debía tocarse en la parte central del teclado, y Haydn tenía ambas manos ocupadas en los extremos. Mozart sonrió y dijo a Haydn:

"Dejadme a mí."

Tocó desde el principio, y al llegar a la nota problemática, agachó la cabeza y la tocó con la nariz. Haydn dijo entonces:

"Verdaderamente tocáis con toda el alma, pero también con todo el cuerpo, incluyendo la nariz."

Wolfgang Amadeus Mozart (1756-1791)

Un risueño sentimental

Querido lector, ¿qué se puede decir de la vida y de la obra de Mozart que no pueda averiguar en tan solo un clic en internet? Que vivió muy pocos años y que compuso grandes obras lo sabemos todos, pero desde esta pequeña guía quiero abrir una nueva visión de entendimiento y escucha del joven compositor nacido en la ciudad austriaca de Salzburgo.

En pleno auge del despotismo ilustrado en Europa, Mozart consigue atraer el interés de toda la aristocracia y la realeza europea a través de su arte.

Musicalmente decimos que Mozart está enclavado en el periodo que denominamos Clasicismo, cuyo rasgo fundamental podemos resumir de este modo: una línea melódica fácil de seguir, junto con con un acompañamiento sencillo.

Por ese motivo, la música de Mozart siempre nos va a resultar fácil de escuchar. Otra cosa es que nos pueda gustar más o menos, y como siempre eso también dependerá de nuestro estado anímico.

El joven prodigio de Salzburgo ya mostró desde pequeño unas especiales aptitudes, y con cinco años podemos ver en los cuadernos de música de su padre melodías que Mozart inventaba al piano con una estructura inteligente y musical completamente coherente.

Con seis años, su padre se lo lleva a él y a su hermana de gira por Alemania, los Países Bajos, Francia e Inglaterra. El viaje duró dos años y en todas partes los hermanos Mozart causaron sensación.

En sus recitales improvisaban e interpretaban obras compuestas por el pequeño Wolfgang. Este último hacía incluso juegos malabares con el teclado, como tocar con los ojos tapados.

Mozart, en todos estos viajes, siempre aprovechó para conocer a los mejores músicos de su tiempo.

Hasta el año 1781 estuvo al servicio del arzobispo de Salzburgo, con el que nunca llegó a tener una buena relación, al mismo tiempo que recibía encargos de todas las partes de Europa.

A partir de 1781 puso fin a su relación con el arzobispo y se fue a vivir a Viena como un artista libre, ofreciendo conciertos, dando algunas clases y componiendo los encargos que recibía sin estar al servicio de ninguna corte o iglesia. Podríamos decir que estamos ante el primer músico *freelance* de la historia.

El catálogo de la obra de Amadeus asciende a un total de seiscientas veintiséis composiciones, cantidad que para haber vivido tan solo treinta y cinco años, hay que reconocer que no está nada mal.

El encargado de ordenar todas sus obras por orden cronológico fue Ludwig von Köchel. Por este motivo estas siempre van precedidas por las siglas K. o KV y un número, que corresponde al puesto que ocupa en orden cronológico; es decir, si leemos *Sinfonía en Re Mayor KV 385*, nos estamos refiriendo a la Sinfonía n° 35, conocida como *Sinfonía Praga*, pero así, gracias a su número de catálogo, sabemos que es la obra número 385 de las que compuso Mozart.

Como se puede imaginar, el *Requiem* es la obra K. 626, ya que fue su última composición en vida. De hecho, la tuvo que dejar incompleta, puesto que le llegó su hora antes de poder terminarla, y fue su fiel alumno Franz Xaver Süssmayr quien terminó la obra con los esbozos y las pequeñas indicaciones que le había dejado el maestro días antes de su muerte.

Entre sus seiscientas veintiséis obras podemos encontrar de todo: conciertos para solista y orquesta, sinfonías, óperas, música de cámara, obras corales, sacras, profanas… Tiene tanto y tan variado que a veces es más difícil empezar por Mozart que por cualquier otro compositor que no tenga una creación tan extensa.

En su música podemos encontrar siempre una dualidad que se escapa de lo terrenal. Nos lleva de la luz y la alegría a la oscuridad y a lo pasional en décimas de segundo, e incluso a veces al mismo tiempo, como ocurre con su *Sinfonía en Sol menor K. 550*.

Por esto mismo, y como vengo diciendo, muchas veces depende del estado de ánimo de uno para que, escuchando a Mozart, una obra le encante y otra no le haga ni fu ni fa. Permítame que le guíe, a ver si acierto y consigo que se enamore del *Genio*.

Mi recomendación

Le propongo cuatro perlas de diferentes estilos y caracteres que espero sirvan para abrir boca en el mundo mozartiano:

- *Requiem K. 626 - Lacrimosa.* Escojo este número de la misa de réquiem por dos motivos: en primer lugar por su valor sentimental, ya que es el número donde Mozart gastó sus últimas gotas de tinta antes de morir; y en segundo lugar, por el dramatismo que hay dentro de cada nota. Podemos escuchar y casi visualizar las lágrimas en las notas de los violines, descendiendo lentamente de dos en dos, mientras el texto reza: "Lleno de lágrimas será aquel día en que resurgirá de sus cenizas el hombre culpable para ser juzgado. Por lo tanto, ¡oh, Dios!, ten misericordia de él. Piadoso Señor Jesús, concédeles el descanso eterno. Amén". Impresionante música para un momento de paz y reflexión.

- *La flauta mágica K. 620 - Aria* La reina de la noche.* Una de las arias más famosas de las óperas de Mozart, llena de fuerza y energía. En ella, Mozart lleva al límite la capacidad del género vocal, poniendo notas sobreagudas casi imposibles de interpretar, para mostrar la maldad de los infiernos de la protagonista. Supone un imprescindible momento musical de una ópera que trata de la lucha del bien sobre el mal y que Mozart compuso una vez ingresado dentro de la logia masónica. Hay algo dentro de esta ópera difícil de expresar con palabras. Empiece por esta aria y luego vaya escuchando diferentes partes por separado, como la obertura, el aria *Ein Mädchen oder Weibchen (Una muchacha o una mujercita)* o el *dúo Papageno! Papagena!,* antes de adentrarse a escuchar la ópera en su totalidad de arriba abajo.

- *Concierto para violín y orquesta en sol mayor K. 216 - 1er movimiento.* Una muestra de la alegría de Mozart en una obra muy fácil de escuchar, en la que el instrumento solista, en este caso el violín, nos muestra la sencillez y la esperanza de un mundo mejor, alegre y divertido. Ideal para un momento de felicidad y bienestar.

- *Sinfonía en sol menor K. 183 - 1er movimiento.* Escrita con tan solo diecisiete años, en ella el joven Mozart nos muestra que no todo es sonrisa superficial y juego. Con esta obra representa el dramatismo y la esencia de lo que llamaremos el *Sturm und Drang,* o *Tormenta e ímpetu* en castellano, un movimiento artístico en el que el compositor intenta dominar con la emoción al oyente. Sin duda, se trata de una obra con mucha intensidad que Mozart compuso en tan solo cuatro días, en un arrebato para sacar lo más hondo de su ser. Una obra ideal para activarnos de cuerpo y mente.

Anecdotario

¿Sabía que… estando Mozart de gira por Francia acompañado por su madre, esta falleció? El compositor escribió una carta a un buen amigo de la familia en ese preciso momento, con el cuerpo presente de su progenitora avisando de lo sucedido y con unas instrucciones claras para que se lo comunicara a los demás.

Mozart le explicó que debía informar a su padre sobre la enfermedad de su madre y así preparar a la familia poco a poco para la fatal noticia.

Resulta sorprendente la sensibilidad de Mozart con tan solo 22 años y su amor hacia las personas, para no herir en demasía y no ahondar en el sufrimiento que pueden causar ciertas noticias, anteponiendo la felicidad de sus personas queridas a la suya. Este es el verdadero Mozart.

Ludwig van Beethoven (1770-1827)

La superación de un hombre sordo

Si bien muchos tratados le incluyen dentro del período clásico, comparto la opinión de los que señalan que Beethoven es quien inaugura la inflexión del Clasicismo al Romanticismo*. Al igual que Haydn marcó la transición del Barroco al Clasicismo, Beethoven lo hace del Clasicismo al Romanticismo.

Este compositor fue un revolucionario, tanto en la música como en su actitud ante la aristocracia. Nunca estuvo al servicio de nadie y fue la imagen viva del triunfo de la burguesía frente a la nobleza.

Nació en Bonn, capital de Alemania en aquel momento. Tuvo una infancia difícil, con un padre alcohólico que le pegaba y le hacía estudiar durante interminables horas.

Su padre llegó incluso a mentir sobre la edad de Beethoven, diciendo que tenía dos años menos para exhibirlo así como niño prodigio ante los salones de la corte.

De este modo, Beethoven nunca supo su edad real. Cuando tenía treinta años pensaba que tenía dos menos. En cualquier caso, teniendo una edad u otra, Beethoven ya mostraba desde pequeño dotes musicales.

En un viaje que realizó a Viena en 1787, Mozart le escuchó y dijo de él: "Este chico dará que hablar".

Desde 1787 hasta 1791 recibió esporádicas clases de Mozart, con el que congenió bastante bien. A partir de 1792 se instala definitivamente en Viena y recibe lecciones de Haydn, aunque no llegaron a entenderse como profesor y alumno; el maestro se quejaba de que era un discípulo respondón y Beethoven se lamentaba de que Haydn era muy anticuado. Sin embargo, siempre hubo una admiración mutua.

Beethoven fue una persona de carácter difícil, sobre todo debido a su sordera, que empezó a manifestarse a partir de 1801, año en el que empieza su ascendente carrera como compositor.

Beethoven pasó los treinta primeros años de su vida estudiando y viviendo de dar algunos conciertos y clases y de desempeñar el puesto de pianista acompañante de la capilla de la corte.

A partir de 1809, la familia Lichnowsky le ofrece una pensión por componer. Beethoven es el primer hombre que tiene la profesión de compositor, recibiendo una paga por ello sin tener ninguna obligación, a diferencia de lo que les sucedía a Haydn o Bach.

Por este motivo vemos como a lo largo de la historia desciende el número de obras de los compositores: Haydn, siempre al servicio de los Eszterhazy, ciento cuatro sinfonías; Mozart, en sus aproximadamente doce años al servicio del arzobispo de Salzburgo, cuarenta y una sinfonías; Beethoven, nunca al servicio de nadie, nueve sinfonías.

Beethoven es la viva imagen del Romanticismo: la conciencia del "yo" como entidad autónoma; la primacía del genio creador de un universo propio; el liberalismo frente al despotismo ilustrado; la originalidad frente a la tradición clasista… Todo eso es Beethoven.

De su obra podemos destacar sus nueve sinfonías, que muestran claramente la evolución de este genio a lo largo de su vida, siendo la tercera, la llamada *Heroica*, la piedra angular hacia el Romanticismo.

Cuando Haydn escuchó esta sinfonía dijo: "Ha hecho algo que ningún compositor había intentado antes. Se ha colocado en el centro mismo de su obra. Nos permite entrever su alma. Supongo que por eso es tan estruendosa, pero es algo nuevo: el artista como héroe. Muy nuevo. Todo es diferente desde hoy".

Además de sus nueve sinfonías, Beethoven escribió treinta y dos sonatas para piano, nueve conciertos para uno o más instrumentos solistas, doce piezas de música ocasional, diez oberturas y numerosa música de cámara: sonatas para violín y piano, para violonchelo y piano, tríos, cuartetos...

En la música vocal fue menos prolífico: tan solo dos misas, eso sí, increíbles, una ópera (*Fidelio*) y diversas canciones cortas.

Mi recomendación

- Todas las sinfonías. Mi buen lector, le aconsejo escuche las nueve sinfonías en el siguiente orden: 5ª, 8ª, 6ª, 7ª, 1ª, 2ª, 9ª, 4ª y 3ª. Elijo este orden no cronológico porque considero que es el idóneo para adentrarse en el mundo interior de Beethoven, y entender así a este misterioso genio de la música.

- La 5ª, por su fuerza; la 8ª, por su mirada atrás, hacia el Clasicismo; la 6ª, por su conexión con la naturaleza; la 7ª, por su dramatismo; la 1ª, por su sencillez; la 2ª, por su continuidad; la 9ª, por su grandiosidad; la 4ª, por su introversión (ya estaba prácticamente sordo), y la 3ª, por ser el mismo Beethoven en Música.

- Si tan solo dispone de diez minutos, le invito a escuchar *La victoria de Wellington Op.* 91*, una obra compuesta en 1813 para celebrar la victoria de los ingleses sobre los franceses.

No es que sea la obra más conocida de Beethoven, pero es una pieza que me acompañó durante mi infancia y que quiero compartir con usted. En ella podemos escuchar una verdadera batalla a través de los sonidos: cómo avanza la tropa inglesa por un lado, la tropa francesa por otro, cómo entran en combate… Una obra descriptiva con la que estoy seguro que disfrutará mucho.

Anecdotario

¿Sabía que…? Contaría mil y una anécdotas de Beethoven, porque era un personaje que no tenía desperdicio. Durante el estreno de la sinfonía n° 3 (*Heroica*), hay un pasaje en el que el trompista empezó a tocar dos compases antes de lo que debía. Beethoven enfureció, paró el concierto y le gritó: "¡Maldito trompista!, ¿es que no sabes contar?".

Las malas lenguas dicen que Beethoven se quedó sordo porque no se curó un mal resfriado. ¿La razón del catarro? Tras la ducha, le gustaba salir al balcón a secarse como Dios le trajo al mundo.

Durante el estreno de uno de sus conciertos de piano, Beethoven tocaba de solista y, al mismo tiempo, hacía de director. El maestro de Bonn ya estaba bastante sordo y, para indicar una entrada en fortísimo de la orquesta, agitó tanto los brazos que tiró los candelabros que había en los extremos del piano.

Gioachino Rossini (1792-1868)

Desde la cocina del chef

Si le gusta la ópera y pasárselo bien, Rossini es su hombre. Como podemos deducir por su nombre, este compositor es italiano, nacido en la ciudad de Pésaro, lo cual es garantía, como ocurría en el Barroco, de que su música será fresca y divertida.

Y efectivamente así es, porque Rossini es el rey de la ópera bufa (cómica), y se caracteriza por escribir una música chispeante y alegre para unas historias chistosas y divertidas, en ocasiones hasta rozando lo surrealista, aunque el surrealismo ni siquiera se hubiera inventado en vida de don Gioachino.

Sus primeras sonatas para orquesta de cuerda las compuso con tan solo doce años y continuó componiendo hasta los treinta y siete.

Todas sus obras tuvieron un gran éxito, así que, desde 1829 hasta 1868 (las últimas cuatro décadas de su vida), dejó de componer para vivir de las rentas y dedicarse a su otra pasión, la cocina, aunque no de forma profesional, sino únicamente por placer.

Rossini siempre fue un hombre de buen vino, buena mesa y buena música. El de Pésaro era un tipo bastante robusto, con una facilidad innata para la música.

A los dieciocho años cosechó su primer éxito, a los veinte ya había compuesto cinco óperas más, también triunfales, y a los veinticuatro compuso la obra que le dio fama internacional: *El barbero de Sevilla*.

Pues bien, a pesar de ser un exitoso compositor en vida, las malas lenguas dicen que era muy vago; tan vago y tan "robusto" que un día, estando en la cama escribiendo un aria*, la partitura se le cayó al suelo y por no levantarse, escribió otra.

Creo que esta pequeña anécdota, real o no, nos deja entrever un poco el estilo de la música de Rossini: ligera (como su actitud ante la vida, no como su cuerpo), amable, divertida, graciosa…

Aunque tan solo estuvo componiendo durante un cuarto de siglo, de los doce a los treinta y siete años de edad

(¡qué barbaridad, estuvo cocinando casi el doble de tiempo que componiendo!), su opus* es bastante grande, pues contiene treinta y nueve óperas –la mayoría cómicas–, que es donde tuvo su mayor éxito, así como varias cantatas, himnos y una pequeña parte de música religiosa (la mayoría compuesta en sus años de *cocinero*).

Como vemos, su obra es fundamentalmente vocal, aunque también compuso diversas piezas de música instrumental. Entre todas estas obras destacaré las óperas *Tancredi* y *L'italiana in Algeri* (ambas de 1813), *El barbero de Sevilla* (1816), *La gazza ladra* (1818), *Semiramide* (1823) y *Guillermo Tell* (1829).

Entre su música instrumental conviene escuchar sus seis sonatas para cuerda (1804), y de su música religiosa, el *Stabat Mater* (1832) y la *Petitre Messe solennelle* (1863-67).

Mi recomendación

- *El barbero de Sevilla* - Aria *Largo al factótum*. Esta expresión viene a significar *abran paso al sirviente*. El texto hace referencia a que ya es de día y hay que ir a la tienda (a la barbería), pero hay que hacerlo muy deprisa para que no se haga tarde. Pero el libreto también dice: "Vaya vida tan hermosa, qué gran placer, para un barbero de calidad". Es decir, que tenemos la alegría de un hombre feliz con su profesión y su vida, pero al mismo tiempo a un hombre con mucha prisa… Resultado: un texto muy difícil de cantar, que es casi un trabalenguas por lo rápido que va, junto con una melodía alegre y chispeante que al final hace que, aunque no entendamos nada, se nos esboce una sonrisa aunque no queramos.

- *L'italiana in Algeri. Obertura.* No les voy a anticipar nada. Escuchen esta pieza como si de un cuento se tratase, prestando atención a todo lo que sucede en la narrativa de los sonidos y creando expectativas ante lo que podría suceder tras una melodía… No sé, investigue con esta música y su mente, estimado lector. Se lo va a pasar muy bien, y si no es así, pida que les devuelvan el dinero de este libro.

Anecdotario

¿Sabía que… Rossini, tras asistir al concierto de una de las sopranos más famosas de la época, Adelina Patti, se acercó a ella para felicitarla y le dijo: "Señora, he llorado solamente en dos ocasiones en mi vida: la primera, cuando se me cayó un exquisito pollo trufado; y la segunda, cuando la oí cantar por primera vez"? Y es que, como ya dije, sus dos grandes pasiones eran la música y la comida.

Franz Schubert (1797-1828)

El esponjita

Estamos ante otro gran compositor que tuvo una vida muy corta, y que sin embargo nos ha dejado, con tan solo treinta y un años, una gran obra maestra para disfrutar durante siglos.

Como vemos, no fue únicamente Mozart quien vivió pocos años. Schubert nació y murió en Viena. No viajó mucho, pero el ambiente cultural en el que se movía le enriqueció de gran manera.

Fue el creador de las famosas *Schubertiadas* ¿No sabe lo que son las *Schubertiadas*? Pues diríamos que eran fiestas que organizaba en su casa con artistas de todas los ámbitos.

Schubert era, además de un gran compositor, un intelectual que llevaba una vida bohemia, amante de las tabernas y de los ambientes populares, alejado de los salones y las etiquetas. Eso fue lo que le distinguió del resto de sus coetáneos.

Hacia 1823, entre fiesta y fiesta, el maestro vienés contrajo la sífilis, y desde entonces hasta el 19 de noviembre de 1828 fueron años complicados para este joven compositor, tanto en lo que respecta a la salud física como anímicamente.

El 17 de junio de 1816, o sea, a los diecinueve años, Schubert escribe: "Hoy he compuesto por primera vez por dinero". Y es que es en esta época (1815-1816) cuando nuestro protagonista decide que se va a ganar la vida con la música. Además, está en un momento de máxima creatividad, escribiendo más de ciento cincuenta *lieders*.

Él mismo se reconoció como compositor de breves melodías. Por eso mismo destacó en el mundo del *lied** y nunca tuvo éxito en el mundo de la ópera, pese a que fue un género que abordó con insistencia porque daba dinero fácil en el momento y también porque le apasionaba.

Además del mundo lírico*, fue bastante prolífico en la música de cámara* y en la música para piano.

En el terreno sinfónico hay que destacar sus únicas ocho sinfonías, de las cuales una está inacabada. Eso sí, la

Sinfonía Inacabada es una preciosa joya, además de ser la más conocida.

También compuso abundante música sacra*. Quién lo diría, llevando la vida que llevaba Schubert, ¿verdad? Pues es realmente bella e inspiradora.

Mi recomendación

- *Sinfonía nº 7 en Si menor D 759*. Esta es la conocida como *Sinfonía Inacabada*. Con respecto a la numeración de las sinfonías, hay un poco de caos, porque la *Sinfonía nº 9, La grande*, es una ampliación de la *Sinfonía nº 7*. Por lo tanto, la sinfonía 7 dejó de existir, pero como se conservaron los manuscritos de la 7 original, antes de la ampliación, hasta hace bien poquito la *Sinfonía Inacabada* era la 8. Es lo que tiene que no se publicase nada de Schubert hasta sesenta años después de su muerte… Bueno, ¿por qué recomiendo esta sinfonía? Porque son únicamente dos movimientos muy fáciles de escuchar, con bellísimas melodías con las que Schubert nos muestra perfectamente el drama que está viviendo en estos últimos años de su vida. Sin lugar a dudas, se trata de una obra sublime en la que, aunque lleve el sobrenombre de *Inacabada*, creo que Schubert entendió que en esos dos movimientos estaba todo. Pese a que intentó escribir un tercer movimiento, cualquier música que viniese después del último sonido del segundo rompería la unidad que habían creado estos dos únicos movimientos que conforman esta maravillosa sinfonía.

- *Lied Der Erlkönig D. 338 (El rey de los elfos).* Si no entiende usted bien el alemán, escuche esta obra con un vídeo que le vaya traduciendo la letra, que pertenece a un poema de Goethe. Comprenderá por qué Schubert es el *rey del lied*; y si no le atrae demasiado la lírica, este género breve, romántico y preciso le dejará preparado para dar el salto a la ópera.

- *Misa nº 2 en Sol Mayor D. 167.* Escojo esta obra de nuevo llevado, de forma un tanto subjetiva por mi experiencia personal, ya que guió mi adolescencia de la mano de la orquesta de San Jerónimo El Real, de la que formé parte y en la que interpretamos en numerosas ocasiones esta maravillosa misa de Schubert. También le recomiendo esta misa para que compruebe por usted mismo lo sublime de esta música sacra compuesta por el joven y libertino Schubert. Si cree, inquieto lector, que no está preparado para una misa musical entera o no dispone de tiempo, escuche el *Credo,* cuatro minutos de música que le harán vibrar y creer en la magnificencia de Schubert.

Pido disculpas por no haber hecho mención al famosísimo *Ave Maria D. 839.* A veces es complicado establecer el límite de lo demasiado manido. En todo caso, si no lo conoce, escúchelo y quedará fascinado; y si cree que lo conoce, escúchelo igualmente, ya que es siempre rejuvenecedor para el alma.

Anecdotario

¿Sabía que… dentro del grupo de amigos que tenía Schubert, con los que organizaba sus famosas *Schubertiadas,* en las que se tocaba música (especialmente la suya, que para algo era el anfitrión), se leía, se discutía sobre arte y temas intelectuales y, sobre todo, se bebía dentro de su *cuadrilla* Schubert era conocido como *Schwammel,* mote que le pusieron sus amigos y que tiene un doble sentido: *Setita,* debido a su físico, y *Esponjita,* a causa de lo que bebía? ¡Ay, este Schubert, menudo elemento tenía que ser!…

Félix Mendelssohn Bartholdy (1809-1847)

De profesión turista

Otro compositor que no llega a los cuarenta años de edad, pero este tuvo una vida muy diferente a Schubert. Si está usted leyendo este libro de forma cronológica, entenderá lo que le voy a contar; y si no, lea en un momento el comienzo de la vida de Schubert, que está en el capítulo anterior a este.

Mendelssohn fue un músico aristócrata proveniente de una familia bien, al que nunca le faltó el dinero. De hecho, para que nos hagamos a la idea, su familia tenía tanta riqueza y a él le gustaba tanto la música que, cuando era un niño, pedía para su cumpleaños que le comprasen una orquesta para poderla dirigir… ¡y se la compraban!

Así empezó Mendelssohn a componer. A la edad de doce años aproximadamente, ya ha compuesto sus primeras sinfonías para orquesta de cuerda, como la que dirigía en sus cumpleaños.

El hecho de no necesitar ganar dinero para vivir puede suponer dos cosas: o que te vuelvas un holgazán o que emplees muy bien el tiempo para cultivarte y cultivar al resto. Por suerte, la segunda opción fue la que escogió nuestro compositor de Hamburgo.

Mendelssohn dedica su vida a estudiar música, a viajar, a componer, a investigar... De ahí que tengamos una maravillosa *Sinfonía Italiana*, escrita tras conocer la alegría y la belleza de Italia; o la sorprendente Obertura *Las Hébridas,* que nos muestra un viaje en barco entre las islas escocesas.

A Mendelssohn también le debemos el redescubrimiento de Bach, pues él se encargó de reestrenar la *Pasión según San Mateo* del *maestro de maestros,* así como la increíble música incidental* sobre *El sueño de una noche de verano* de William Shakespeare...

Gracias, Félix, por utilizar tan bien tu tiempo y tu dinero, así da gusto... ¡Ay, si unos cuantos que yo me sé tomaran ejemplo de Mendelssohn!

Mi recomendación

Como en el párrafo anterior he mencionado unas cuantas obras muy interesantes, voy a proponer aquí otras dos diferentes:

- *Concierto para violín y orquesta op. 64.* Empiece, querido lector, por el primer movimiento, y si le llena como me sucede a mí… déjese llevar y disfrute del segundo movimiento (un poco más lento) y compruebe cómo este enlaza de forma directa con el tercero, rápido, vivo y brillante. Si por el contrario no le dice nada, no se preocupe; igual no es el momento, pero al menos ya lo conoce.

- *Sinfonía para orquesta de cuerda nº 10.* Le recomiendo que escuche esta obra de la época en que Mendelssohn tenía entre doce y catorce años. Esta sinfonía, la número 10, tiene tan solo dos movimientos. Comienza con un *adagio** misterioso de alrededor de un minuto y medio de duración, que desemboca en un frenético *allegro** lleno de energía. Para tener trece años, el amigo Félix ya apuntaba maneras.

- Si es usted muy neófito en esto de la música clásica, por supuesto escuche *La marcha nupcial* de la obra *Sueño de una noche de verano.* Estoy convencido de que esta pieza la ha escuchado innumerables veces, pero a lo mejor no sabía que era de Mendelssohn.

¿Sabía que… Félix Mendelssohn fue uno de los autores proscritos en la Alemania nazi, en la que fue calificado de "enemigo de la raza alemana"? Se trata de algo muy extraño, ya que nuestro protagonista compuso música completamente alemana, siendo además un claro continuador de la tradición germánica a través de Beethoven y rescatando a Bach.

La explicación de que se le tachase de "enemigo de la raza alemana" es que Mendelssohn descendía de una familia de comerciantes judíos. Su padre, Abraham Mendelssohn, terminó decidiendo bautizar a toda la familia y unir el apellido Bartholdy al de Mendelssohn. De ahí Félix Mendelssohn Bartholdy.

Al parecer, el apellido Mendelssohn es claramente judío, mientras que el Bartholdy es típicamente protestante.

Robert Schumann (1810-1856)

La avaricia rompe el saco

Podríamos decir que con Robert Schumann ya no hay confusión ninguna y entramos de pleno en lo que se ha denominado la época del Romanticismo* (siglo XIX), movimiento cultural este que da prioridad a los sentimientos, rompiendo así con las reglas y el corsé del Clasicismo (siglo XVIII).

El padre de Schumann no tenía nada que ver con la música. Era escritor y librero, y Robert se decanta por estudiar Derecho y piano en Leipzig (Alemania).

A los veinte años, asiste a un concierto de Paganini, y es en ese preciso instante cuando decide dejar la carrera de Derecho para dedicarse en cuerpo y alma a la música con la intención de ser un virtuoso del piano, como Paganini lo era del violín.

Su interés y su preocupación por las nuevas creaciones y tendencias del momento le lleva a fundar la revista *Neue Zeitschrift für Musik* (*Nueva Revista de Música*), en la que escribe sobre las nuevas generaciones que estaban causando sensación, entre cuyos exponentes se encontraban Chopin y Berlioz.

Como no podía ser menos tratándose de un romántico, el final de su vida es algo dramático, ya que sufrió varias depresiones que fueron debilitando su salud física y mental, llegando incluso a tener diversos episodios de alucinaciones con ángeles y demonios.

Un colapso neurocirculatorio terminaría acabando con la vida de Schumann a los 46 años de edad.

La obra de nuestro protagonista abarca desde la música de cámara, con sus tres cuartetos de cuerda dedicados a Mendelssohn, hasta la música sinfónica, con sus cuatro sinfonías, la *Suite Op. 52* o el *Concierto para piano Op. 54*.

En el terreno lírico compone dos óperas: *Genoveva* y *Manfred*; más de ciento cuarenta *lieder* y un nuevo estilo para las salas de conciertos, el llamado oratorio profano.

La obra de Schumann es mucho más extensa, ya que llegó a componer más de ciento cincuenta obras que abarcan todos los géneros musicales, pero me es imposible enumerar todo su opus.

Mi recomendación

- *Sinfonía nº 3 Op. 97 (Renana) - Primer movimiento.* Me parece la mejor obra para introducirnos en el universo Schumann. Ya sabe, abnegado lector, que mi predilección es sinfónica, pero es que, además de la gran expresividad que el autor le otorga a la orquesta en esta sinfonía, podemos sentir ilusión y energía por la vida. No sé como expresarlo; es algo parecido a cuando vi la película *Supermán* por primera vez. Te hace llegar a sentir que tú también puedes ser un superhéroe y que el bien siempre triunfa sobre el mal… Pues esto es para mí este primer movimiento de la sinfonía *Renana*. Y ya sabe… si le gusta y tiene ganas, siga adelante con el resto de movimientos de esta maravillosa sinfonía. Recuerde que lo más importante es no darse un atracón.

- *Escenas de niños Op. 15. Nº 1 "Extraños países y personas".* Como todo es pasión y profundidad en la mayor parte de la obra de Schumann, le propongo su Op. 15, *Escenas de niños*, que es un conjunto de trece piezas breves y de gran delicadeza compuestas para piano. Le invito a empezar por la primera, que es muy tierna y sencilla, como también lo era Schumann. Si la primera le engancha, no hace falta que siga el orden establecido. Investigue los nombres de las otras doce piezas y escuche la que más le atraiga por el nombre, a ver si realmente puede relacionar la música con el título.

Anecdotario

¿Sabía que... como le he comentado al principio, Schumann se dedicó exclusivamente a la música tras escuchar un concierto de Paganini? Robert quería ser un virtuoso del piano, pero, como todo el mundo sabe... el ansia mata. Tantas eran las ganas de Schumann de ser un virtuoso que se inventó un aparato para que le alargase los dedos de la mano y así ser el único pianista que pudiese alcanzar más teclas del instrumento.

Pues bien, este *aparatito* le invalidó las funciones de la mano y le imposibilitó volver a tocar el piano. Miremos el punto positivo de la historia: aunque sea de manera un poco egoísta, gracias a este desafortunado suceso tuvo más tiempo para componer su maravillosa música que nos ha legado. ¿Humor negro? No lo sé. ¿Razón? No me falta.

Richard Wagner (1813-1883)

El Spielberg de la música clásica

Si hablar de Romanticismo en música nos lleva directamente a Alemania, este país y Romanticismo nos llevan de forma inevitable a Wagner. Por este motivo, más que encasillarle en el romanticismo podríamos decir que es el primer nacionalista musical.

Wagner es un revolucionario total; rompe con todos los esquemas establecidos de una forma brutal. Le explico, amable lector, que he puesto a este compositor antes que a Brahms, Bruckner o Tchaikovsky porque prefiero seguir el orden cronológico por fecha de nacimiento, para que podamos enmarcar a los compositores en la historia, pero si hiciéramos la clasificación siguiendo el estilo, tendría que ser el último de los románticos, o el primer autor del Nacionalismo*.

Nuestro protagonista es el que más se aproxima a la nueva música que surgirá en el siglo XX. Podríamos decir que es quien crea las nuevas reglas del siglo XX, ya que lleva la música a otra dimensión que era desconocida hasta el momento.

Además de compositor, Richard era director de orquesta, poeta, ensayista, dramaturgo y teórico musical, o sea, todo un polifacético.

Estamos ante el primer compositor que escribe sus propios libretos para sus óperas, género en el que más destaca.

El uso que Wagner hace de la orquesta es asombroso. Lleva al límite todos los instrumentos, necesitando una agrupación de más de setenta músicos en cada una de sus obras. Si usted es una persona de extremos, Wagner es su compositor.

Como le comento, Wagner compuso principalmente óperas, algunas de ellas de más de cuatro horas de duración. Fuera de este género no fue muy prolífico: una sinfonía, algunas piezas corales y unas pocas piezas para piano.

Las óperas más famosas son: *Lohengrin, Tannhäuser, Tristán e Isolda, Los maestros cantores, Parsifal* y *El anillo del Nibelungo,* aunque en realidad esta última es un ciclo de cuatro óperas, algo así como *Star Wars.*

Wagner también se distingue por llevar al extremo una técnica compositiva conocida como *leitmotiv*, que se basa en otorgar una pequeña melodía a un personaje. Pues bien, nuestro compositor alemán le otorga una melodía (*leitmotiv*) a todo: al protagonista, al antagonista, a la espada, al oro, al frío, a su padre, a su madre… Todo tiene su *leitmotiv*.

Mi recomendación

- *La cabalgata de las walkirias.* Es el número musical con el que abre el tercer acto de la ópera *La walkiria,* que a su vez es la segunda obra de la saga *El anillo del Nibelungo.* Si le gustan los dramas complejos y las historias densas junto con la ópera, no se lo piense dos veces: Wagner. Si no lo tiene muy claro, empiece por esta pieza, que es corta. Seguro que la reconoce, porque se ha utilizado en alguna que otra película. Al menos de esta forma entenderá la magnitud de la música de Wagner.

- *Tannhäuser. Obertura.* Le propongo esta obertura un poco por los mismos motivos que la anterior, pero para profundizar un poco más. Aquí ya va a poder escuchar diferentes melodías (*leitmotivs*) que están relacionadas con uno u otro elemento de la ópera y que no le voy a desvelar ahora. Escuche esta obertura y deje volar su imaginación, inventándose personajes y tramas enrevesadas.

¿Sabía que… la música revolucionaria y de extremos de Wagner creó muchas diferencias de opiniones? Bueno, realmente solo dos: los que la adoraban y los que la repudiaban por completo. Rossini, nuestro compositor-cocinero italiano, hablando un día con una contralto amiga suya, le dijo: "¿Sabes cómo suena la música de Wagner?". Abriendo la tapa del piano y sentándose ruidosamente sobre las teclas, exclamó: "¡Ahí está la música de Wagner, esta es la música del futuro!".

Anton Bruckner (1824-1896)

El bonachón

Bruckner es al sinfonismo lo que Wagner fue a la ópera. Si ha leído, amigo lector, el capítulo anterior dedicado al maestro alemán, muchos de los elementos que explico allí se pueden aplicar también al protagonista de este capítulo y a sus sinfonías: la densidad, la duración de las obras, la utilización de la orquesta...

Bruckner es austriaco. Nace en Ansfelden y muere en Viena. Desde 1837 fue cantor en el Monasterio de San Florián, lugar en el que ocho años más tarde fue profesor y organista.

En 1855 pasa a ser el organista de la Catedral de Linz. Durante este primer periodo de su vida se dedica a componer fundamentalmente obras sacras, influenciado por la música de Meyerbeer y Mendelssohn.

Es a partir de 1860 cuando descubre la música de Wagner, la cual ejerce una gran impresión sobre el bueno de Anton; digo bueno porque otra cosa no sería, pero tímido y buenazo era el que más.

Bajo la influencia de las nuevas sonoridades armónicas* de Wagner, Bruckner empieza a componer en 1863 sus primeras sinfonías. Aquí nos encontramos dos curiosidades: la primera es que el genio austriaco no paraba nunca de revisar sus sinfonías, hasta el punto de que de todas ellas hizo al menos una segunda versión al final de su vida; la otra curiosidad es que la primera sinfonía es de 1865, pero en 1863 y 1864 había compuesto otras dos, que actualmente se conocen como la *Cero cero* (1863) y la *Cero* (1864), ¡como las *Coca-Colas* de hoy en día!

Además de sus nueve sinfonías, podemos encontrar en el opus de Bruckner un cuarteto y un quinteto de cuerda, varias misas y más de treinta motetes.

Mi recomendación

Sinfonía n. 4 (Romántica) - 1er movimiento. El comienzo con el *piano** de los violines, las violas, los violonchelos y los contrabajos nos crea una nebulosa sonora ideal para que emerja el sonido de la trompa, creando una atmósfera de bosques y naturaleza ideal para dejar volar nuestra imaginación mientras escuchamos este maravilloso primer movimiento. Considero que la *Sinfonía romántica* es la ideal para adentrarse en el mundo sinfónico de Bruckner, ya que es la más clásica en cuanto a su estilo.

A partir de aquí, puede escuchar el *Te Deum*, que pertenece al cuarto movimiento de su última sinfonía, aunque también se suele interpretar solo, como obra independiente.

Anecdotario

¿Sabía que... lo que más caracterizaba la personalidad de Bruckner era su humildad? Solía decir que él componía "para el buen Dios", y nunca dejó de estudiar para mejorar su técnica compositiva, aunque las malas lenguas decían que lo hacía para superar sus inseguridades.

De hecho, aceptaba críticas y sugerencias para modificar sus obras por parte de algunos que le ridiculizaban a él y a su trabajo.

Cuando Bruckner se acercó al administrador de la Orquesta Filarmónica de Viena con la intención de estrenar su *Sinfonía nº 4*, este le dijo: "¿Sabe lo que tiene que hacer usted con su sinfonía? ¡Tirarla al cesto de la basura, porque no merece estar en ningún otro sitio!". Por suerte para todos nosotros, su sinfonía fue estrenada, y con éxito.

Bruckner fue considerado "un campesino ignorante que nunca hallaría su lugar en Viena". Sin embargo, sus sacrificios, su esfuerzo, su tenacidad, su talento y su sensibilidad le llevaron a conseguir títulos que ninguno de sus contemporáneos consiguió.

Johannes Brahms (1833-1897)

Una cata de vinos

Considerado por muchos *la tercera B* de la música alemana junto a Bach y Beethoven, Brahms apenas tuvo formación escolar, ya que su padre, músico de orquestas de segunda en las que tocaba el contrabajo y la trompa, al ver el talento musical de su hijo, le sacó del colegio para que se dedicara exclusivamente a la música.

A los siete años comenzó sus primeras lecciones de piano y a los diez ya ofreció su primer concierto público.

Debido a la penuria económica que pasaba la familia en ese momento, su padre decidió explotar al joven Johannes haciéndole tocar en tabernas de mala reputación, circunstancia que marcó de forma negativa la vida de Brahms, quien nunca supo tratar con las mujeres de la alta sociedad, mostrando siempre su lado grosero e indiferente a los demás, pese a que en su mundo interior desbordaba una sensibilidad y una ternura que solo podía expresar a través de su música.

Cuando era joven conoció a Schumann, quien le ayudó mucho en sus primeras andanzas como compositor, lo que desembocó en una gran amistad que perduró hasta el final de sus días.

Brahms es considerado como uno de los grandes sinfonistas del siglo XIX, pero con un estilo mucho más clásico que el de Bruckner y Wagner.

La obsesión o la influencia de Beethoven era patente. Decía: "No se puede componer nada después de la *Novena sinfonía* de Beethoven". De hecho, Brahms no escribió su primera sinfonía hasta los cuarenta y tres años, cuando ya estaba seguro de que no iba a hacer el ridículo ante la sombra del gran maestro sordo.

Tal es la continuidad de la obra de Beethoven que la *Primera sinfonía* de Brahms es considerada por muchos como "la décima sinfonía de Beethoven".

Como puede observar, ínclito lector, en esta segunda mitad del siglo XIX hay dos estilos muy diferentes: uno completamente nuevo y transgresor, marcado por Wagner y Bruckner, y otro más clásico, marcado por Schumann y Brahms. Esta época era como un Madrid-Barça: o se era de un equipo o de otro. Nadie podía ver que las dos escuadras jugaban muy bien, pero cada una con su estilo.

Johannes Brahms empezó componiendo *lieder*, sonatas para piano y obras de cámara, géneros que desarrolló toda su vida.

Dentro de su obra sacra hay que destacar su *Requiem alemán Op. 45*.

En su obra sinfónica destacan sus cuatro sinfonías, su *Concierto para violín Op. 77*, sus dos *Conciertos para piano Op. 15 y Op. 83* y su *Doble concierto para violín y violonchelo Op. 102*.

Mi recomendación

- *Sinfonía nº 4 Op. 98 - 1er movimiento*. En esta sinfonía se puede apreciar a la perfección lo que comentaba más arriba acerca de la ternura y la sensibilidad del mundo interior de Brahms, junto con el desbordamiento romántico que le invadía; un hombre entregado a la amistad profunda de su mejor amigo y enamorado profundamente de la mujer de este, pero que la respetó incluso tras el fallecimiento de Schumann. En este movimiento que le invito a escuchar podemos apreciar la gran línea melódica que se desarrolla por todos los timbres de la orquesta. Si le ha gustado, continúe con el resto de la sinfonía.
- Si se siente con ganas de descubrir la obra sinfónica

de Brahms, le propongo el siguiente orden: *Sinfonía n° 4 Op. 98, Sinfonía n° 1 Op. 68, Sinfonía n° 3 Op. 90* y *Sinfonía n° 2 Op. 73*. Como le digo siempre, no escuche las cuatro el mismo día, que le puede sentar mal y luego vendrá a decirme que Brahms es un poco pesado para usted y que no lo entiende. Vaya poco a poco.

Tras las sinfonías, o combinado entre ellas, escucharía su *Concierto para violín Op. 77*.

Anecdotario

¿Sabía que… cuando Brahms ya era un reputado compositor, un gran experto en vinos invitó a cenar al genial maestro, que también entendía y disfrutaba de este manjar de Baco? Pues bien, su anfitrión sacó una botella de su bodega, y ofreciéndole una copa al compositor, le dijo: "Este es el Brahms de mi bodega".

Johannes observó el vino, respiró su *bouquet* y tomó un sorbo. Dejando la copa sobre la mesa y esperando unos segundos para decir algo, al final preguntó: "¿Qué clase de vino le gusta a usted? Mejor será que saque su Beethoven".

Incluso hablando de vinos queda clara la veneración que Brahms sentía hacia el gran genio de las nueve sinfonías.

Piotr Ilitch Tchaikovsky (1840-1893)

El incomprendido

Con el ruso Tchaikovsky entramos en lo que podríamos denominar el posromanticismo o los nacionalismos, demostrando que no solo los alemanes fueron buenos en el mundo sinfónico.

En este periodo del último cuarto del siglo XIX surge la corriente musical a la que damos el nombre de Nacionalismo*. Grandes compositores de diferentes países llenan sus obras de melodías o ritmos de su folclore nacional en el marco del estilo que llamamos erróneamente *música clásica*.

En este periodo estilístico podemos encontrar a compositores como Dvorak (República Checa), Elgar

(Inglaterra), Falla (España) y un largo etcétera.

Tchaikovsky no es el más nacionalista de entre los rusos, ya que su música mostraba unos rasgos un poco más europeos que lo que se estaba imponiendo en su país a través del *grupo de los cinco*, integrado por Mili Balákirev (el líder), César Cuí, Modest Músorgski, Nikolái Rimski-Kórsakov y Aleksandr Borodín, muy críticos con nuestro protagonista. Lo más curioso es que todos ellos, que eran los que manejaban el cotarro, eran *amateurs*, a excepción de Balákirev.

Tchaikovsky era una persona con tendencias depresivas, provocadas por su condición homosexual. Él pensaba que era un vicio que podría terminar por corregir y lo llamaba su "problema".

En 1861, el propio Tchaikovsky escribe: "¿Cómo voy a acabar…? Tarde o temprano, posiblemente más temprano que tarde, perderé la fuerza suficiente para luchar con ese lado problemático de mi vida, y eso terminará por hacerme pedazos".

La música era su "arma de salvación", tal y como Piotr escribe en sus diarios.

El pequeño Petia (así lo llamaban en casa) destacó pronto en los idiomas. A los seis años era capaz de leer francés y alemán. Le apasionaba la lectura y la música, pero su padre, que no era un hombre demasiado inclinado a la música, le envió a los diez años a una escuela para estudiar Derecho.

No fue hasta los veintidós años cuando ingresó en el Conservatorio de San Petersburgo para dedicarse a su mayor pasión: la Música.

Entre sus obras, destacan las tres últimas de sus seis sinfonías, el *Concierto para violín*, su primer *Concierto para piano*, las oberturas *Capricho italiano, Obertura solemne 1812* y *Romeo y Julieta*.

Son también famosos sus ballets *El cascanueces, El lago de los cisnes* y *La Cenicienta*.

Compuso también diez óperas, entre las que destacan *Eugene Oneguin* y *La Dama de Picas*.

Mi recomendación

- *Concierto para violín y orquesta op. 35*. Le aconsejo que esta obra la escuche entera, porque es una auténtica maravilla desde el principio hasta el final. Más que yo le diga algo sobre la pieza musical, me parecería mucho más interesante que usted me diga lo que siente. Una vez más, la palabra se escapa ante la magnitud de la Música.

- En orden, le diría que tras el *Concierto de violín*, escuchase el primer movimiento del *Concierto para piano Op. 23*, poderoso; el segundo movimiento de la *sinfonía nº 5 Op. 64*, tierno y melancólico, como lo era Tchaikovsky; *El cascanueces - Acto I, nº 4 (Russian Dance)*, donde descubrirá a un chispeante y alegre Tchaikovsky. Si este le gusta, atrévase con cualquier otro número del ballet. Antes de adentrarse en alguna de las sinfonías, pruebe con una de sus oberturas.

Anecdotario

¿Sabía qué… Tchaikovsky, con la intención de guardar las apariencias en sociedad, dijo en una ocasión: "Lo que necesito es una solterona o una viuda madura, sin ninguna pretensión pasional ardiente." Finalmente se casó con una joven con quien el matrimonio fue un desastre. Sin embargo, se hizo amigo de una viuda ricachona que tenía nueve hijos, la señora Von Meck, quien le amaba profundamente y le apoyó económicamente durante veinte años. Curiosamente, su relación siempre fue por carta y nunca se vieron ni para tomar un café. ¡Qué relaciones tan extrañas tenía este Tchaikovsky!

Antonin Dvorak (1841-1904)
Bohemia en la Gran Manzana

Y de Rusia nos trasladamos a otro país frío, aunque no tanto: Bohemia, la actual República Checa, país de nacimiento de nuestro protagonista. Antonin Dvorak nació en 1841 en el pequeño pueblo de Nelahozeves, al norte de Praga. Su padre, un hombre polifacético, era dueño de un hotel, aunque también trabajó como intérprete de cítara y carnicero teniendo catorce hijos de los que Antonin fue el primogénito.

Dvorak comenzó estudiando piano, órgano, violín y teoría musical con un severo y respetado profesor alemán. Poco a poco el joven músico fue destacando en sus estudios y finalmente en 1857 su padre le permitió que se dedicara a la música. Con veintiún años entró, como violista (así se denomina al intérprete de viola), a formar parte de la orquesta del Teatro Nacional de Praga, que dirigía Bedrich Smetana (otro gran compositor checo que desgraciadamente no va a disponer de un capítulo en este libro, pero cuya obra *El moldava* aconsejo que escuche).

Desde este momento, Dvorak compatibiliza sus diferentes empleos como intérprete, al mismo tiempo que empieza a componer sus primeras obras. La reputación de nuestro protagonista como compositor y maestro crecía cada vez más. Tal fue así, que en 1892 le invitaron desde Estados Unidos para ser el director del Conservatorio de Nueva York. Finalmente, tras un fuerte debate moral por dejar su patria o no (le recuerdo, inquieto lector, que estamos en el momento clave de los nacionalismos) el sueldo que le ofrecen en América le convence lo suficiente como para marcharse.

Permanece en Estados Unidos tres años, época en la que compone dos de sus obras más famosas, la *Sinfonía del nuevo mundo* y su *Cuarteto americano*. En 1895 regresa a su país para hacerse cargo de la dirección del Conservatorio de Praga, ciudad en la que muere nueve años más tarde debido a una congestión cerebral.

Con un catálogo de poco más de cien obras, Dvorak es considerado uno de los compositores más representativos de su país. El de Bohemia dio a su música un colorido nacionalista a partir de su admiración por Liszt y Wagner; con este último participó en tres representaciones de obras compuestas y dirigidas por el maestro alemán.

Antes de comenzar su primera sinfonía compuso un quinteto y un cuarteto de cuerda. En 1865 se adentra en el mundo sinfónico con *Las campanadas de Zlonice,* haciendo referencia a las campanadas de la iglesia de la ciudad en la que estudió con su profesor alemán. Así mismo antes de adentrarse en el mundo operístico compone un ciclo de *lieder* llamado *Cipreses* y tras estos, ya en 1871, compone su primera ópera *El rey y el carbonero.*

Pero no fue hasta su cantata para voces masculinas, *Hymnus* cuando Dvorak comienza a ser popular, sobre todo entre sus compatriotas, por el fuerte carácter nacionalista de esta obra. A partir de aquí su fama empezó a subir como la espuma. Con su *Sinfonía nº3 op. 10* conoció a Brahms, con quien mantuvo una estrecha amistad, ganando además una beca de cuatrocientos florines otorgada por el gobierno austriaco. Estrenó en el Albert Hall de Londres su *Stabat Mater op. 58* con gran éxito de crítica y público.

En 1889 el emperador Francisco José I le otorgo la Orden de la Cruz de Hierro, y un año más tarde fue nombrado Doctor Honoris Causa por la Universidad de Cambridge. Como ya sabemos, luego se marchará a Nueva York a dirigir el conservatorio de aquella ciudad. ¡Vamos, un no parar de galardones!

De forma sintética, podemos decir que fue autor de nueve sinfonías, once óperas y una abundante obra de cámara y vocal, tanto sacra como profana, además de unas maravillosas *Danzas Eslavas* y de un precioso *Concierto para violonchelo op.* 104. Todo un compositor por descubrir, se lo aseguro.

Mi recomendación

- *Sinfonía nº 9 op. 95 del Nuevo Mundo - 4º movimiento.* Empiece por el último movimiento de esta maravillosa obra y si le convence escúchela desde el principio. Es una pieza con rasgos bohemios fusionados con melodías o elementos que Dvorak recoge de la música americana. Interesantísima. Además el comienzo de este cuarto movimiento se parece mucho a la banda sonora de la película *Tiburón*.

- *Stabat Mater op. 58.* Si usted es un apasionado de la música sacra, le invito a que escuche esta cálida y estremecedora obra vocal. Escoja una tarde de domingo tranquila con un cielo nublado, lo que coloquialmente llamamos *un día gris*. Encienda una vela y escuche el op. 58 de Dvorak. ¿Se ha imaginado este bucólico ambiente? Eso es este *Stabat Mater*.

Anecdotario

¿Sabía que… en su ópera *El rey y el carbonero*, Dvorak quería que apareciesen mineros de verdad, portando incluso con máquinas reales que utilizaban en su trabajo? Pues, ni corto ni perezoso, Antonin habló con los mineros de Vysoka, un pequeño pueblo al norte de Praga, y les ofreció a todos los que no podían subir al escenario, unas butacas de preferencia para que luego diesen su opinión sobre si se había logrado una sensación de autenticidad.

Esta anécdota muestra la identificación clara de Antonin con el pueblo checo, al que introduce en su obra, otorgándole incluso un papel crítico al pedirle su opinión.

Isaac Albéniz (1860-1909)
El joven viajero

Dejamos un auténtico nacionalista checo para encontrarnos con uno español. Don Isaac Albéniz nació durante el último periodo del reinado de Isabel II (1833-1868) y vivió de pleno la Primera República española (1873).

De pleno, sí, porque, aunque contase tan solo con trece años de edad, el joven Isaac ya estaba dando conciertos por toda España. Era un niño prodigio y maduró, a la fuerza, mucho antes de lo normal.

A los quince años se marchó de gira por Sudamérica; a los dieciséis se fue a estudiar a Bélgica, al conservatorio de Bruselas. Más tarde regresó a España para formarse con el gran maestro español Felipe Pedrell. Podemos decir que Albéniz, además de ser un prodigio, era una persona inquieta que no paró de moverse en toda su vida.

Siempre se rodeó de grandes artistas que le ayudaron a crecer en su arte como compositor. En Francia, por ejemplo, sus amigos eran Paul Dukas y Gabriel Fauré, quienes influyeron en su manera de componer. Y es que estamos viviendo el paso del siglo XVIII al XIX, un periodo musical que recibe el nombre de Nacionalismos, donde los compositores reciben influencias de otros colegas, pero predominando siempre el folclore propio del país de origen de cada músico.

Como pianista prodigio que era, Albéniz conocía a la perfección ese instrumento y le dedicó gran parte de su obra, en la que destaca su pieza *Suite Iberia*. ¿Entiende lo de los nacionalismos? Incluso los nombres de las composiciones aludían a la patria.

También compuso dos *Suites españolas* (Op. 47 y Op. 97) y otra suite llamada *Recuerdos de viaje* (op.73), entre muchas otras obras para piano.

En el repertorio orquestal tiene algo menos. Destacaría *Catalonia* y el primer *Concierto para piano y orquesta*.

También compuso algo de lírica, unas doce canciones para voz y piano y once obras escénicas*, entre las que destaca la comedia musical *Pepita Jiménez*.

Mi recomendación

Personalmente le recomiendo empezar con:

- *Suite Española Op. 47 - Asturias*. Una obra a buen seguro conocida por todos. Al menos nos suena familiar, debido a la maravillosa escritura del maestro, que buscaba encontrarse con todos nosotros a través de su música con giros melódicos muy españoles.
- *Recuerdos de viaje Op. 73 - Rumores de la caleta*. Esta pieza, amable lector, le va a transportar al sur de España, y aunque nunca haya estado allí, va a percibir las olas del mar. Incluso algunos podrán oler el pescaíto frito. Fuerza y profundidad es lo que tiene esta música de Albéniz, que con un lenguaje moderno nos transporta a esa España que todos recordamos.

Anecdotario

¿Sabía que… Albéniz, a la temprana edad de ocho años, se escapó de casa y se fue a la sierra de Madrid, en concreto a El Escorial? Estando allí le robaron la cartera con los cuatro duros que llevaba. El joven Isaac, ni corto ni perezoso, fue por los bares de la zona que tenían piano ofreciendo recitales o amenizando el ambiente para ganarse la vida. ¡Con tan solo ocho años! Sin duda, una experiencia que le marcaría para toda su carrera profesional y que dice mucho de este gran compositor, que siempre supo sacarse las castañas del fuego.

Gustav Mahler (1860-1911)
Un alumno con TDA

Uno de los grandes genios de la última etapa del Romanticismo, o lo que llamaríamos el Posromanticismo, es el judío convertido al catolicismo, Gustav Mahler. Nacido en Kaliste, un pequeño pueblo de Bohemia oriental (actual República Checa, pero parte del imperio austriaco en el momento de su nacimiento), Gustav se definía a sí mismo así: "Soy apátrida por triplicado: nativo de Bohemia en Austria, austriaco entre los alemanes, y judío en todo el mundo. Siempre un intruso, nunca bienvenido". Aunque como vamos a descubrir, esto no será del todo cierto.

Nuestro protagonista mostró interés por la música a temprana edad, cuando con tan solo cinco años, descubrió un piano en casa de sus abuelos. Pero en realidad, la cartilla escolar nos dice que fue un estudiante un poco desordenado y distraído (vamos, lo que se diagnosticaría hoy en día como un TDA o un TDAH). Entró en el Conservatorio de Viena con quince años, graduándose en 1878 sin pena ni gloria.

En 1880 comenzó sus primeros trabajos como director de orquesta, y es que en vida fue más reconocido como director que como compositor. Llegó a dirigir la orquesta Filarmónica de Nueva York, entre otras muchas grandes orquestas.

Muy influido por Bruckner y Wagner, Mahler siempre buscó la máxima expresión de la música a través de la sinfonía. "La sinfonía debe ser como el mundo. Debe abarcarlo todo", afirmaba el compositor. De esta forma se dedicó de manera mayoritaria a dos estilos: el *lied* y la sinfonía con la inclusión de coros en algunas de ellas.

Gustav ya advirtió que su música no sería valorada hasta cincuenta años después de su muerte, pues presentía que iba por delante de los gustos de la sociedad contemporánea. Su presentimiento se hizo realidad debido a dos razones: 1) la duración de sus sinfonías era algo que el gran público no terminaba de comprender, y 2) su música fue prohibida en la Alemania nazi, convirtiéndose en un compositor olvidado hasta su redescubrimiento tras la Segunda Guerra Mundial.

De entre su obra destacamos sus diez sinfonías, quedando la última inacabada a causa de su muerte. En ellas destacamos sus *adagios,* envolventes y sentimentales, y los *allegros* que combinan lo trágico con la caricatura grotesca y un punto absurda. De modo que no se asuste, querido lector, si esta música le deja un tanto descolocado. Y es que Mahler nos muestra a través de la música su obsesión por la muerte y su pasión por la vida.

Otras obras destacables son *La canción de la Tierra* (un ciclo de canciones en forma de sinfonía) y sus *lieder* como por ejemplo *Lieder eines fahrenden Gesellen* (*Canciones de un camarada errante*).

Mi recomendación

- *Sinfonía n° 1 "Titán" - 3er movimiento (Marcha fúnebre: solemne y mesurado, sin rezagarse).* Combinación de lo trágico con la caricatura grotesca —¿recuerda?—. Este tercer movimiento de su primera sinfonía nos muestra una marcha fúnebre a través de la popular canción infantil *Frére Jacques.* No se me ocurre mejor ejemplo que muestre esta dualidad del compositor.

- *Sinfonía n° 5 - Adagietto.* Si cree que no está preparado para este dramático y sentimental *adagio,* le aconsejo intrépido lector, que descubra esta música a través de la película *Muerte en Venecia* en la que la música que acompaña toda la trama es este *Adagietto* que le presento. Tras haber visto la película, creo que estará preparado para escuchar esta desgarradora obra al completo y entender un poco más a nuestro protagonista.

Anecdotario

¿Sabía que… tal era la obsesión de Mahler por el sonido profundo y grandioso de la orquesta en sus obras, que para el estreno de su *Sinfonía nº 6* con la Filarmónica de Viena, Gustav diseñó y mandó construir un bombo de enormes dimensiones, que había de ser tocado con mazas monumentales para conseguir un efecto grandioso y profundo? Al parecer, el bombo de la afamada orquesta vienesa tenía –en su opinión– una sonoridad débil. ¿Funcionó el experimento? No, pero una vez más quedan patentes las excentricidades de los grandes genios, en busca de la sonoridad perfecta.

Maurice Ravel (1875-1937)

El pintor de los sonidos

Alemania es al Romanticismo lo que Francia al Impresionismo*. Ravel es un músico francés que llevó al máximo este nuevo estilo que recibe el nombre de Impresionismo.   ,

El mismo año de su nacimiento su familia se trasladó a París, ciudad en un emergente estado artístico. Sus padres asistían a un gran número de eventos culturales, lo que hizo que surgiese en el pequeño Maurice un interés creciente por la cultura.

A los seis años comenzó sus primeras lecciones de piano, y en 1889 ingresó en el Conservatorio de París, recibiendo clases de Gabriel Fauré, entre otros profesores. Diez años después terminó sus estudios y estrenó su famosa obra para piano *Pavana para una infanta difunta*.

A partir de 1900 su éxito va *in crescendo*, llegando a ser uno de los compositores más aclamados por el gran público. Naturalmente, siempre hubo quienes creían que su música era demasiado moderna y lo detestaban, pero por lo general sus obras fueron siempre bien recibidas.

A partir de 1933 comenzó a presentar síntomas de una enfermedad neurológica que no le permitía escribir, pese a que su capcaidad mental seguía funcionando a la perfección y pensaba en toda la música que tenía dentro.

En 1935 se retiró a un pueblecito tranquilo y rodeado de naturaleza al oeste de París, donde pasó sus dos últimos años de vida. A su muerte, la prensa le rindió un unánime homenaje.

Podríamos decir que Ravel es de los compositores que mejor conoce la escritura para orquesta, la llamada orquestación*. Era el que con más precisión sabía colocar una melodía para el instrumento adecuado.

Por este motivo, terminó pasando a orquesta muchas de sus exitosas obras para piano, e incluso compañeros menos expertos en las técnicas de orquestación le pidieron que les hiciera el favor de adaptar sus obras para la orquesta. Un claro ejemplo es la pieza *Cuadros de una exposición* de Mussorgsky, una obra para piano que orquestó Ravel. Hoy es más conocida por su versión adaptada por Ravel a la orquesta que por la versión original del propio compositor ruso.

Dentro del mundo orquestal, aunque no compuso ninguna sinfonía, podemos destacar obras como *La valse, Ma mère l'Oye (Mi madre la Oca),* su famoso *Bolero, Rapsodia española, Dafnis y Cloe* o *Sherezade.*

Dentro del repertorio para piano destaca *Pavana para una infanta difunta* (que también adaptó para orquesta), *Serenata grotesca, Valses nobles y sentimentales* o *Juegos de agua.*

En el terreno de la música de cámara destacaría su *Sonata para violín y piano,* el *Trío en La menor* o la *Tzigane* para violín solo; dentro de la música vocal escogería *Don Quichotte à Dulcinée* o su segunda ópera (solo tiene dos), *L'enfant et les sortilèges.*

Mi recomendación

- *Bolero.* Es sin duda su obra más famosa, y la que mejor muestra su gran conocimiento de la orquesta. En ella, con tan solo una melodía nos mantiene vivos, escuchando cómo esta va evolucionando a través de los diferentes timbres de la orquesta.

- *La valse.* Con esta obra podemos escuchar de forma más clara que con el *Bolero* la sonoridad impresionista que saca Ravel a la orquesta: líneas melódicas largas que nos transportan a una nueva atmósfera sonora.

¿Sabía que... Paul Wittgenstein, un célebre pianista vienés, perdió su brazo derecho durante la I Guerra Mundial y no resignándose a abandonar su carrera como concertista, le pidió a Ravel que le escribiese un concierto que pudiese tocar? Ravel aceptó el reto y en 1930 acabó la obra que llamó *Concierto para mano izquierda* en *Re Mayor*.

En efecto, esta obra ha de interpretarse únicamente con la mano izquierda, que era la única que tenía útil el señor Wittgenstein.

Manuel de Falla (1876-1946)

El tiquismiquis

Manuel de Falla es uno de los grandes compositores de España y el más internacional desde Tomás Luis de Victoria en el siglo XVI. Nació en Cádiz, y ya desde muy pequeño sintió la llamada de la música tras las primeras lecciones de piano que recibió de la mano de su madre.

Sin embargo, no fue hasta el año 1893 cuando, tras asistir a un concierto con obras de Grieg, dijo: "Lo tengo claro, mi vocación definitiva es la música". Desde ese instante, su camino fue en dirección única.

Primero se traslada a Madrid para estudiar en el Real Conservatorio de Música. Después marcha a París, donde entabla relación con los grandes impresionistas: Ravel,

Debussy, Satie… Uniendo su folclore nacional a la nueva visión impresionista de Francia, Falla creó su propio e inconfundible estilo.

En 1914 regresa a Madrid y un año más tarde es homenajeado junto a Joaquín Turina por el Ateneo de Madrid.

Tras la Guerra Civil española se exilia a Argentina, donde morirá siete años más tarde.

La mayoría de su obra pianística pertenece a su primera época en Madrid (1896-1907), obras de juventud entre las que destacan su *Serenata nocturna* o su *Vals capricho*.

Su obra más conocida nace a partir de su estancia en París, donde terminó de definir su estilo, con sus ballets *El sombrero de tres picos* y *El amor brujo*, sus *Siete canciones populares*, el concierto para piano *Noche en los jardines de España*, las óperas *La vida breve* o *El retablo de Maese Pedro*, y su obra para piano *Fantasía bética;* un sinfín de obras con aire español sin perder la modernidad de su época.

Me gustaría señalar que, aunque no sea algo muy conocido, Falla era un amante de la zarzuela. Siempre apoyó este género, y entre 1902 y 1906 llegó a escribir seis zarzuelas, algunas de las cuales se han olvidado y de otras, únicamente se conservan unos fragmentos.

Mi recomendación

- *El amor brujo - Danza ritual del fuego.* Con esta música podemos sentir la energía y el calor del fuego. A través de la base sonora de la cuerda escuchamos el movimiento de las llamas enfurecidas, y sobre esta base aparece una chispeante melodía del oboe con aires gitanos. Una joya musical que nos ha dejado Falla para el resto de nuestros días.

- *Siete canciones populares - El paño moruno.* A mí esta canción siempre me recuerda a una familia española unida en la cocina. Es como volver al seno materno dentro de este mundo tan cosmopolita y globalizado en el que vivimos.

Anecdotario

¿Sabía que… Falla era un maniaco? Entre sus muchas obsesiones estaba la de la limpieza. Nuestro protagonista tenía fobia a los microbios, de tal forma que, en cada concierto en que tenía que tocar el piano, primero limpiaba las teclas una a una con alcohol. "Estas teclas han pasado por muchos dedos", decía. Incluso se cuenta que llegó a desarrollar una tendinitis leve de tanto lavarse las manos.

Ígor Stravinsky (1882-1971)

¿Ígor Strawhisky?

Nos encontramos ante uno de los compositores rusos más cosmopolitas, Ígor Stravisnky. Nacido en una pequeña ciudad de Rusia y con un padre cantante de ópera perteneciente al coro del Teatro Marinski, el joven Ígor no mostró mucho interés por la música, iniciando incluso estudios de Derecho, aunque finalmente en 1902, con veinte años, los cambió por los de música. Uno de sus profesores fue Rimsky Korsakov (miembro del *grupo de los cinco* del que hablé en el capítulo dedicado a Tchaikovsky).

Desde el momento en que Stravinsky decidió dedicarse a la música, tan solo tardó ocho años en alcanzar el éxito con su ballet *El pájaro de fuego*, estrenado en París en 1910. En esta década nuestro protagonista muestra su lado más empresarial, que le permite viajar por diferentes capitales de Europa para presentar sus obras y a él mismo como pianista y director de orquesta. La táctica le funciona muy bien y en todos los países es recibido con respeto. En 1914, a causa de la Primera Guerra Mundial, se traslada a Suiza. En 1920 vuelve a París, donde ya había triunfado, y en 1939 se traslada a Nueva York, ciudad en la que residirá hasta el final de su vida en 1971.

El estreno de su primer ballet en París supuso un antes y un después en la evolución de la música, debido al uso de ritmos un poco más complejos y a un timbre en la orquesta nuevo y sorpresivo, diferente a lo que se estaba haciendo en la época. Es curioso, porque él mismo nunca se consideró un revolucionario.

Tras *El pájaro de fuego,* vinieron dos ballets más: *Petrouchka* (1911) y *La consagración de la primavera* (1913). Este último brilla por una sonoridad un tanto agresiva y disonante, con mucha fuerza y energía debido a ritmos nuevos y abruptos (querido lector, siento ser tan poco concreto, pero cuando lo escuche me entenderá).

En su música, Stravinsky utiliza elementos y/o melodías del folclore ruso, pero mezclados con nuevas vanguardias que hacen que sea una música nueva y original; un ejemplo de esto es *Historia de un soldado.* A lo largo de su vida observamos tres estilos muy diferentes: este primero al que acabo de aludir, de una música rítmica, agresiva y con fuerza un segundo periodo, a partir de 1920, en el que hay una mirada hacia el pasado y donde podríamos hablar de un neoclasicismo, con su ballet *Pulcinella*; y una tercera etapa desde 1950, en la que predomina una técnica compositiva denominada *dodecafonismo,* basada en utilizar doce sonidos diferentes antes de volver a utilizarlos, creando de esta manera una sensación auditiva especial, como si no hubiese un orden lógico en lo que estamos escuchando, aunque realmente lo haya. Curiosamente, en esta etapa en la que realiza una música más intelectual y ecléctica, es cuando más utiliza textos bíblicos para sus obras, como por ejemplo *Cánticum sacrum.*

Como ve, apreciado lector, estamos ante un compositor muy diverso con un opus bastante grande en el que predomina la música de orquesta para ballet, sin por ello dejar de lado la música de cámara o la vocal, tanto profana como sacra.

Mi recomendación

- *Consagración de la primavera - Augurios primaverales.* Recomiendo este número del ballet estrella de Stravinsky por la fuerza y energía que transmite. Es una conexión entre el hombre y la tierra tan fuerte que te llega a poner nervioso, al igual que la música que lo acompaña. Considero que es la mejor representación de esta primera época de Ígor, con esa sonoridad nueva y diferente que marca los augurios del siglo XX.

- *Pulcinella.* Le recomiendo este ballet de su segunda etapa para que, usted, mi intrépido lector, diga: "¿Cómo?¿Esta música también es de Stravinsky?" Y sí, Stravinsky dominaba a la perfección todos los estilos, y su versatilidad a la hora de componer de una u otra manera era increíble.

¿Sabía que… estando Ígor Stravinsky en un club privado de Texas con unos colegas, disfrutando de un excelente y rico whisky escocés, el compositor ruso dijo con una amplia sonrisa: "¡Dios mío, me gusta tanto el whisky escocés que a veces pienso que mi nombre debería ser Ígor Strawhisky! "

Dmitri Shostakovich (1906-1975)

El futbolista

Muchos de nosotros, incluso los profesionales de la música, aún le tenemos miedo a la música del siglo XX, y más después de haber escuchado alguna de las obras de nuestro protagonista anterior. Pero por suerte, ya solo están quedando los mejores compositores de esa época de entreguerras e investigación musical a través de obras muy intelectuales y difíciles de escuchar. Un compositor de esta época —no revelaré su nombre—, dijo: "La música, para ser grande de verdad, debe ser completamente fría y carente de emoción".

Uno de los grandes que sobrevive al siglo XX es Shostakovich, compositor ruso que vivió durante el periodo soviético. A diferencia de Stravinsky (*Consagración de la primavera*) y al igual que Prokofiev (*Pedro y el lobo*), no pudo de salir de San Petersburgo y tuvo que componer bajo la censura del *camarada* dictador Stalin.

Para el régimen soviético, todo lo que sonase moderno era sospechoso de ser burgués y occidental, por lo que era prohibido y su autor castigado. ¡Fíjense en qué condiciones tenía que hacer música el pobre Dmitri!

Al final, Shostakovich, más audaz que nadie, terminó haciendo la música que él quería, aunque introduciendo elementos que agradaban a Stalin. Se movió tan en el filo de la navaja que en su momento existió cierta controversia sobre si su obra puede ser considerada como un ejemplo de modernidad o de supeditación al estilo staliniano.

Shostakovich murió de viejo a causa de un cáncer que venía padeciendo desde hacía años.

Aunque lo más destacable de su obra son sus quince sinfonías, su obra es inmensa. Compuso quince cuartetos de cuerda (a mí, el que más me gusta es el *Cuarteto nº 8*); más de una decena de óperas, entre las que destacan *La nariz* y *Lady Macbeth de Mtsensk*; dos conciertos para violín, dos para violonchelo y dos para piano; mucha música vocal y de cámara para diferentes agrupaciones, e infinidad de música para cine, que era lo que más le daba de comer.

Mi recomendación

- *Sinfonía nº 5 Op. 47*. Aunque en la introducción le invito, curioso lector, a que escuche las obras sin ningún tipo de apoyo visual, esta es la excepción que confirma la regla. Aconsejo escuchar esta sinfonía viendo la película *El acorazado Potemkin*. Es una cinta muda cuya acción transcurre a través de la música de Shostakovich. No la olvidará nunca.

- Si quiere conocer bien el mundo de Shostakovich y sus sinfonías, le aconsejo un impresionante y buen documental titulado *The war symphonies: Shostakovich against Stalin,* dirigido por Larry Weinstein. Lo puede encontrar en internet con subtítulos en castellano.

Anecdotario

¿Sabía que… Shostakovich era un amante del fútbol? De pequeño no pudo jugar debido a su miopía, pero de mayor llegó incluso a ser árbitro. Tanto le gustaba el balompié, que en su ballet *La edad de oro* representa un partido entre un equipo soviético y uno capitalista.

Los jugadores capitalistas están representados por los sonidos del jazz, los del tango y otras músicas modernas occidentales.

Pues bien, las autoridades comunistas censuraron la obra y castigaron a nuestro protagonista porque decían que el partido lo habían ganado los capitalistas, ya que había más música moderna que soviética. ¡Cómo se las gastaban las autoridades, ¿eh?!

Arturo Márquez (1950-)
La sensualidad hecha música

Una de las muestras de que la música clásica sigue viva en nuestro siglo XXI es el compositor mexicano Arturo Márquez. Nació en Álamos, una pequeña ciudad al sur del Estado de Sonora (México) donde recibió sus primeras lecciones de música de la mano de su padre, que tocaba el violín en un grupo mariachi.

En 1962, su familia tiene que mudarse a Los Ángeles (Estados Unidos), donde el pequeño Arturo comienza a estudiar violín, tuba, trombón y piano. ¿No se haría un lío con tanto instrumento diferente? Pues al parecer no; incluso empezó a componer algunas obras de manera intuitiva.

A los diecisiete años, deja a su familia en Estados Unidos para volverse a México y seguir su carrera musical en su país natal. Inmerso y aplicado en los estudios, en 1980 el gobierno francés le otorga una beca para estudiar en

París durante dos años, etapa que aprovecha al máximo para empaparse de las nuevas vanguardias europeas.

A su vuelta ingresa en el Centro Nacional de Investigación, Documentación e Información Musical Carlos Chávez (CENIDIM). A partir de ese momento, su carrera se lanza como compositor, logrando convertirse en uno de los músicos más importantes de México y del mundo entero.

Es de los pocos compositores vivos conocidos y aplaudidos a nivel internacional.

Considero que con Márquez se está volviendo a unir la separación creada entre compositor y público de mediados del siglo XX.

La obra de Márquez es ya bastante prolífica. Tiene obras curiosas, como el *Concierto interdisciplinario con músicos y fotógrafos*, y obras más cercanas, como el *Zarandeo*. Y es que, tras haber estudiado en París y en el Instituto de Artes de California todas las vanguardias del siglo XX, Arturo decide mirar hacia los *sones* que tocaba su padre y escribir música cercana para el pueblo, en vez de hacer música intelectual para las élites sofisticadas.

Lo que más predomina en la obra de Márquez hoy son los *Danzones*. En total ha escrito nueve; el último, en el año 2017.

También podemos escuchar maravillosa música de cámara con melodías nuevas y frescas, así como una bellísima suite llamada *Máscaras para arpa y orquesta*, o su concierto para violonchelo y orquesta titulado *Espejos en la arena*.

Mi recomendación

Danzón nº 2. Aprovecho que el compositor está vivo para, en lugar de decir yo lo que opino sobre esta obra, mostrarle lo que dice el propio compositor: "En la obra quise fundir el amor por el baile, por el salón y ese momento que estaba pasando México, la esperanza de que las cosas fueran mejores para quienes lo necesitan. Paradójicamente, la pieza que surgió motivada por un movimiento social, también ha sido utilizada para actos oficiales. La música no tiene la culpa".

Anecdotario

¿Sabía que… Arturo Márquez es un romántico, y su idea de una música sensual que llegue a todo el pueblo es lo que más se valora en su obra? "La sensualidad. Siempre me ha interesado la parte sensual de la música, que en la creación contemporánea se ha dejado muy de lado. Este elemento de la sensualidad lo encontré de una manera muy afortunada en el danzón y ha sido el elemento básico de mi trabajo, junto con el ritmo, claro", afirma el propio compositor.

¡Qué bonitas palabras para terminar un libro que, en esencia, continuará dentro de usted, querido lector, porque la música nunca muere: siempre permanece y cultiva nuestro interior.

Glosario

- **Adagio**: Término italiano que hace referencia al *tempo* o la velocidad en que ha de interpretarse una obra musical. En este caso, la velocidad o *tempo* de la música deberá ser lenta. Recuerden: *Adagio*=lento.

- **Allegro:** Término italiano que hace referencia al *tempo* o la velocidad en que ha de interpretarse una obra musical. En este caso, la velocidad o *tempo* de la música deberá ser rápida. Recuerden: *Allegro*=rápido.

- **Antífona**: Forma musical basada en una melodía fácil y corta utilizada a modo de estribillo, que se alterna con otros cánticos o himnos. Esta forma musical fue muy utilizada durante los siglos XV y XVI en las tradiciones litúrgicas cristianas.

- **Aria**: Es una canción para cantante con acompañamiento de orquesta. Estas canciones (arias) suelen estar dentro de las óperas.

- **Armonía**: Podríamos decir que la armonía es la música que suena en vertical. Imagínese un coro: cada voz tiene su melodía, pero todos cantan juntos. Pues bien, cada voz canta una nota diferente. Eso quiere decir que cuando están cantando todos a la vez, cada uno emite un sonido diferente. Ese conjunto de notas sonando al mismo tiempo es lo que llamaríamos armonía. Cuando hablo de nuevas relaciones armónicas, hablo de nuevas sonoridades que se crean por medio de nuevos conjuntos de notas sonando al mismo tiempo, que hasta entonces no se habían escuchado.

- **Barroco**: Periodo de la historia que transcurre, aproximadamente, entre los años 1600 y 1750. El artista no procura imitar a la naturaleza, como en el Renacimiento, sino que predomina la razón y los sentimientos en sus composiciones. En música, es la culminación del contrapunto.

- **Cantata**: Obra para ser cantada. Se refiere a un tipo determinado de obra vocal.

- **Clasicismo**: Periodo de la historia que transcurre, aproximadamente, entre 1730 y 1827, año de la muerte de Beethoven, aunque nunca se puede señalar exactamente un año concreto de cierre de un periodo y apertura de otro. Por lo tanto, es más correcto decir que es el periodo constituido por la escuela vienesa formada por Haydn, Mozart y Beethoven. El Clasicismo surge en contraposición al Barroco, y busca una mayor sencillez en sus melodías, pasando del contrapunto a una melodía fácil de escuchar, con un acompañamiento sencillo que nos permite disfrutarla.

- **Contrapunto**: Punto contra punto, o nota contra nota. En lugar de que una voz tenga la melodía principal y el resto de voces tengan unas notas que acompañen esa melodía principal, el término "contrapunto" indica que todas las voces tienen melodías principales e independientes sonando al mismo tiempo. Surge con Palestrina y se desarrolla al máximo con Bach.

- **Homofonía**: Varias voces sonando al mismo tiempo con diferente melodía, pero rítmicamente igual.

Por ejemplo:

Voz 1: DOOO REEEEEE MI REE DOOOO

Voz 2: DOOO SIIIIIIIIIII LA SIIII DOOOO

- **Impresionismo:** Movimiento artístico, sobre todo pictórico, que se desarrolló en Francia a finales del siglo XIX. En pintura se basa en el uso del color, en el juego de luces y sombras, la impresión del ambiente y la atmósfera. Esto, llevado a la música, supone que el color es el timbre, de modo que busca un juego de timbres nuevos que capten el ambiente y la atmósfera. Es una música más lineal que se escapa de las estructuras cerradas de los periodos anteriores.

- *LIED*: Al igual que el aria, el *lied* es una canción. Pero, a diferencia del aria, el *lied* es una obra en sí misma. No está dentro de una ópera. Por lo general, el acompañamiento suele ser de piano y es un género que se desarrolló en el Romanticismo.

- **Lírica:** Se refiere al género vocal: canciones, *lieds*, óperas, zarzuelas… Cualquier obra musical en la que haya voz está dentro de lo que llamamos género lírico.

- **Madrigal:** Genero vocal del Renacimiento cuyo texto es profano.

- **Melodía:** Podríamos decir que son las notas musicales sonando en el tiempo. Por ejemplo: DO, RE, MI, RE, DO. Aunque todas duren lo mismo, o sea, tengan un mismo ritmo, al cantarlas creamos una melodía.

- **Monofonía:** Una única melodía cantada o tocada por una o varias personas.

- **Motete:** Una obra polifónica vocal procedente de la

Edad Media y que tuvo su plenitud en el Renacimiento. Su texto puede ser tanto profano como sacro, aunque en el siglo XV es principalmente sacro, con letras de los salmos o de los evangelios.

- **Movimientos**: Son las diferentes partes que engloban una gran obra. Por ejemplo, podríamos hablar de una serie de televisión que consta de cuatro capítulos. Cuando acaba el primero, no ha acabado la serie. O nos puede gustar mucho el tercero, pero la serie es el total de los cuatro capítulos. En música es igual, pero con otro nombre. Una sinfonía está compuesta por cuatro movimientos (capítulos). Hasta que no termina el cuarto movimiento no ha acabado la sinfonía, aunque lo que más me haya gustado de esa sinfonía sea el primer movimiento.

- **Música de cámara**: Música interpretada por una agrupación pequeña de músicos, desde dos hasta aproximadamente quince. Este nombre deriva de las agrupaciones que cabían dentro de una habitación o cámara. En un lenguaje más mundano, podríamos decir *música de habitación*, pero no queda tan chic. Ahora entendemos perfectamente que cualquier agrupación que quepa en una habitación sería música de cámara.

- **Música del siglo XX**: Muchas veces a la música del siglo XX se la mal denomina Música Contemporánea. Como su propio nombre indica, la música del siglo XX abarca toda esa centuria, comprendiendo en ella diferentes estilos musicales cuyo principal objetivo es componer nuevas obras, nuevas melodías, alejándose o sin utilizar el método o la técnica de la Tonalidad.

- **Música incidental:** Música que representa o acompaña una trama teatral. Por ejemplo, cuando Mendelssohn pone música a la obra de teatro *Sueño de una noche de verano* de Shakespeare, Mendelssohn intenta expresar con música la trama que el escritor expresa con palabras. Hablamos de música incidental cuando esta quiere representar un hecho, un suceso, una trama…

- **Música sacra**: Música religiosa.

- **Nacionalismo**: Corriente musical de finales del siglo XIX y principios del XX en la que los compositores muestran en sus obras el folclore de su país.

- **Obras escénicas**: Se refiere a obras músico-teatrales, ya sean óperas o zarzuelas.

- **Opus (OP.)**: Palabra latina que significa *obra*. Se emplea para designar el número correspondiente a una obra musical según el orden cronológico en la producción total de un compositor. Este término se empezó a utilizar a partir del siglo XIX para catalogar las obras. Esto es, si decimos *Sonata para piano Op. 57 Appasionata* de Beethoven, estamos diciendo que es la número cincuenta y siete que compuso este autor. Si sabemos que Beethoven compuso alrededor de doscientas obras, podemos deducir que la sonata *Appasionata* es una obra relativamente temprana dentro del total de sus composiciones.

- **Orquestación**: Significa reescribir o adaptar una obra para que se pueda interpretar con una orquesta. Originalmente, esa pieza estaba escrita para otro instrumento, como por ejemplo el piano. Podríamos decir, por ejemplo, que cuando Ravel vio que su obra para piano *Pavana para una infanta difunta* tenía mucho éxito, la ORQUESTÓ para que pudiese ser interpretada por la Orquesta Sinfónica de París.

- **Piano:** Además de ser la palabra que da nombre a uno de los instrumentos estrella de la música clásica, es un término italiano que hace referencia al volumen con el que hay que interpretar los sonidos. En este caso, *piano* significa suave. El nombre del instrumento ("el piano") deriva de la nueva técnica de este instrumento de teclas, dotadas de martillos que golpean las cuerdas y que permiten tocar una nota suave o fuerte, dependiendo de cómo se presione la tecla. Si las palabras suave y fuerte las pasamos al italiano obtendríamos: *piano- forte*. De ahí el primer nombre que obtuvo este instrumento: el *pianoforte*. Posteriormente la técnica del instrumento evolucionó y su nombre también, quedándose solo en *piano*.

- **Polifonía**: Varias voces sonando al mismo tiempo pero con diferente melodía y ritmo. Por ejemplo:

    Voz 1: DOOOOO REEEE MI REEE   DO

    Voz 2: DOO SIIIIIIII LAAAA SIIII   DO

- **Renacimiento**: Periodo de la historia que engloba los siglos XV y XVI. Es el renacer del hombre como centro de todas las cosas, es el *humanismo* y el descubrimiento moderno de la naturaleza, que se procura imitar artísticamente desde la sencillez. En música, el punto central lo constituye la música vocal polifónica.

- **Ritmo**: Podríamos decir que el ritmo se constituye dándole duraciones diferentes a las notas musicales. No confundir con pulso, que es el latido constante que sentimos en la música y nos indica la velocidad de una obra.

- **Romanticismo**: Periodo de la historia correspondiente al siglo XIX. Podríamos decir que nace con Beethoven y enlaza con los Nacionalismos. Este periodo se caracteriza por un retorno a la complejidad del hombre y sus sentimientos a través del arte. Los instrumentos musicales han avanzado técnicamente y permiten muchos más recursos, que el compositor pretende explotar hasta los extremos.

- **Sonata**: Obra para ser *sonada*. Generalmente se refiere a obras instrumentales que son interpretadas por un grupo muy reducido de instrumentos.

- ***Suite***: Imagínese que mete en un CD sus canciones preferidas de ahora. ¿Qué tenemos? Un conjunto de canciones. Pues el CD es lo que sería una *suite* del Barroco: un conjunto de danzas que forman una obra que llamamos *suite*.

- **Timbre**: En música usamos este término para referirnos al sonido característico de un instrumento. En lugar de decir el "sonido del violín", decimos "el *timbre* del violín". Cuando hablamos de los timbres de la orquesta, nos estamos refiriendo a los sonidos de todos los instrumentos de la orquesta: el sonido de toda la orquesta sonando a la vez es un timbre diferente al sonido de los violines en *piano* sonando con un oboe. Todas las posibilidades sonoras que tiene la orquesta son los diferentes *timbres* de la orquesta.

- **Tonalidad**: Constituye la utilización de siete sonidos que surgen desde una nota o tono principal, desde el cual todos se estructuran. Vamos a pensar en un país: todos los que nacemos en él tenemos unas características y *sonamos* o *vibramos* de una determinada manera. Pues bien, ahora vamos a pensar que ese país se llama DO; sus ciudadanos son:

DO, RE, MI, FA, SOL, LA y SI.

Si naciésemos en el país MI, habría características comunes con el país DO, pero también alguna otra que nos diferenciase. Veamos ahora el país MI; sus ciudadanos serían:

MI, FA# (FA sostenido), SOL#, LA, SI, DO# y RE#.

Como vemos, aparecen notas iguales y notas diferentes. Eso es porque estamos en otro país, en otra *tonalidad*. Por lo tanto, el carácter de sus ciudadanos es otro; hay elementos diferenciadores (notas diferentes), aunque, en esencia, todos somos humanos y somos los mismos (notas iguales). Por eso podemos decir que una obra está en la tonalidad de MI, siendo MI el centro de la obra y ofreciendo unos sonidos que la caracterizan, o decir que mi obra está en DO, siendo DO el centro de la obra y ofreciendo otros sonidos que la caracterizan.

Otras pequeñas joyas musicales

ÉPOCA	FECHAS	COMPOSITOR	OBRA	PAÍS
RENACIMIENTO	1567-1643	Claudio Monteverdi	L'Orfeo	Italia
BARROCO	1634-1704	Marco Antonio Charpentier	Te Deum (Eurovisión)	Francia
	1640-1710	Gaspar Sanz	Canarias	España
	1681-1767	Georg Philipp Telemann	Suite Don Quijote	Alemania
	1685-1759	George Friedrich Haendel	Zadok the Priest	Alemania-Inglaterra
	1710-1736	Giovanni Battista Pergolesi	Stabat Mater - Nº 8 Fac ut ardeat	Italia

ÉPOCA	FECHAS	COMPOSITOR	OBRA	PAÍS
ROMANTICISMO	1782-1840	Niccolò Paganini	Concierto para violín nº 2, Op.7 La campanella - 3er movimiento	Italia
	1786-1826	Carl Maria von Weber	El cazador furtivo - Obertura	Alemania
	1792-1868	Gioachino Rossini	Dúo de los gatos	Italia
	1803-1869	Héctor Berlioz	Sinfonía fantástica Op. 14	Francia
	1806-1826	Crisóstomo Arriaga	Los esclavos felices - Obertura	España
	1810-1849	Frédéric Chopin	Preludio Op. 28 nº 4	Polonia
	1811-1886	Franz Liszt	Sueño de amor - Nocturno nº 3	Austro-húngaro
	1813-1901	Giuseppe Verdi	Nabucco - Va, pensiero	Italia
	1818-1893	Charles Gounod	Ave María	Francia
	1822-1890	Cesar Franck	Sonata para violín y piano en La Mayor	Bélgica
	1823-1892	Edouard Lalo	Sinfonía española	Francia
	1823-1894	Francisco Asenjo Barbieri	El barberillo de Lavapiés	España
	1824-1884	Bedrich Smetana	El Moldava	Bohemia (Rep. Checa)
	1825-1899	Johann Strauss (hijo)	Vals del emperador Op. 437	Austria
	1835-1924	Camille Saint-Saens	El carnaval de los animales	Francia
	1838-1875	Georges Bizet	L' Arlesiene I y II	Francia
	1838-1920	Max Bruch	Concierto para violín nº1 Op.26	Alemania

ÉPOCA	FECHAS	COMPOSITOR	OBRA	PAÍS
NACIONALISMO	1839-1881	Modest Mussorgsky	Cuadros de una exposición	Rusia
	1841-1894	Emmanuel Chabrier	España, rapsodia para orquesta	Francia
	1843-1907	Edvard Grieg	Peer Gynt - Suite n° 1 op. 46 y n° 2 op. 55	Noruega
	1844-1908	Nicolai Rimsky-Korsakov	El vuelo del moscardón	Rusia
	1845-1924	Gabriel Fauré	Requiem Op. 48	Francia
	1846-1908	Federico Chueca	La Gran Vía	España
	1857-1934	Edward Elgar	Concierto para violonchelo Op. 85	Inglaterra
	1858-1924	Giacomo Puccini	Gianni Schicchi - O mio babbino caro	Italia
	1860-1911	Gustav Mahler	Sinfonía 1 La Titán. 1er movimiento	Bohemio-austriaco
	1862-1918	Claude Debussy	Le petit nègre	Francia
	1864-1949	Richard Strauss	Las travesuras de Till Eulenspiegel	Alemania
	1866-1925	Erik Satie	Gymnopédie n° 1	Francia
	1867-1916	Enrique Granados	Goyescas - Intermedio	España
	1873-1943	Serguéi Chmaninoff	Preludio Op. 3 n° 2	Rusia
	1874-1934	Gustav Holst	Los planetas - Júpiter	Inglaterra
	1881-1945	Béla Bartók	Concierto para viola	Hungría
	1882-1949	Joaquín Turina	Danzas fantásticas - n°3 Orgía	España

ÉPOCA	FECHAS	COMPOSITOR	OBRA	PAÍS
SIGLO XX	1886-1973	Julio Gómez García	Suite en La	España
	1887-1956	Heitor Villa-Lobos	Bachianas Brasileiras - n° 5	Brasil
	1891-1953	Sergei Prokofiev	Sinfonía n° 1 Op. 25 Clásica	Rusia
	1892-1974	Darius Milhaud	El buey sobre el tejado	Francia
	1895-1962	Eduard Toldrá	Vistas al mar	España
	1895-1963	Paul Hindemith	Matías el pintor	Alemania
	1895-1982	Carl Orff	Carmina Burana	Alemania
	1898-1937	George Gershwin	Rhapsody in blue	EEUU
	1899-1963	Francis Poulenc	Concierto para dos pianos	Francia
	1900-1987	Rodolfo Halffter	Don Lindo de Almería Op. 7	España
	1908-1992	Oliver Messiaen	Cuarteto para el fin de los tiempos	Francia
	1910-1981	Samuel Barber	Adagio para cuerdas	EEUU
	1913-1976	Benjamin Britten	Guía de orquesta para jóvenes	Inglaterra
	1918-1990	Leonard Bernstein	Cándida obertura	EEUU
	1935-	Arvo Pärt	Spiegel im Spiegel	Estonia
	1937-	Philip Glass	Metamorphosis	EEUU
	1944-	Karl Jenkins	Palladio	Inglaterra

Patrocinio

Este libro está patrocinado por la Orquesta Sinfónica Camerata Musicalis.

La Orquesta Sinfónica Camerata Musicalis nace en 2004 con el firme propósito de hacer la música clásica accesible a todos los públicos y desarrollar una visión de concierto novedosa y personal.

Desde el año 2015 lleva a cabo su proyecto *¿Por qué es especial?*, un novedoso espectáculo que tiene por objetivo acercar la música clásica a nuevos públicos mediante un transgresor formato de concierto cargado de sentido del humor en la primera parte y una rigurosa interpretación en la segunda.

Web: **www.cameratamusicalis.com**
E-mail: **info@cameratamusicalis.com**

Autores para la formación

Editatum y **GuíaBurros** te acercan a tus autores favoritos para ofrecerte el servicio de formación GuíaBurros.

Charlas, conferencias y cursos muy prácticos para eventos y formaciones de tu organización.

Autores de referencia, con buena capacidad de comunicación, sentido del humor y destreza para sorprender al auditorio con prácticos análisis, consejos y enfoques que saben imprimir en cada una de sus ponencias.

Conferencias, charlas y cursos que representan un entretenido proceso de aprendizaje vinculado a las más variadas temáticas y disciplinas, destinadas a satisfacer cualquier inquietud por aprender.

Consulta nuestra amplia propuesta en **www.editatumconferencias.com** y organiza eventos de interés para tus asistentes con los mejores profesionales de cada materia.

EDITATUM

Libros para crecer

www.editatum.com

Nuestras colecciones

Guías para todos aquellos que deseen ampliar sus conocimientos sobre asuntos específicos, grandes personajes, épocas, culturas, religiones, etc., ofreciendo al lector una amplia y rica visión de cada una de las temáticas, accesibles a todos los lectores.

Guías para gestionar con éxito un negocio, vender un producto, servicio o causa o emprender. Pautas para dirigir un equipo de trabajo, crear una campaña de marketing o ejercer un estilo adecuado de liderazgo, etc.

Guías para optimizar la tecnología, aprender a escribir un blog de calidad, sacarle el máximo partido a tu móvil. Orientaciones para un buen posicionamiento SEO, para cautivar desde Facebook, Twitter, Instagram, etc.

Guías para crecer. Cómo crear un blog de calidad, conseguir un ascenso o desarrollar tus habilidades de comunicación. Herramientas para mantenerte motivado, enseñarte a decir NO o descubrirte las claves del éxito, etc.

Guías prácticas dirigidas a la salud y el bienestar. Cómo gestionar mejor tu tiempo, aprenderás a desconectar o adelgazar comiendo en la oficina. Estrategias para mantenerte joven, ofrecer tu mejor imagen y preservar tu salud física y mental, etc.

Guías prácticas para la vida doméstica. Consejos para evitar el *cyberbulling*, crear un huerto urbano o gestionar tus emociones. Orientaciones para decorar reciclando, cocinar para eventos o mantener entretenido a tu hijo, etc.

Guías prácticas dirigidas a todas aquellas actividades que no son trabajo ni tareas domésticas esenciales. Juegos, viajes, en definitiva, hobbies que nos hacen disfrutar de nuestro tiempo libre.

Guías para aprender o perfeccionar nuestra técnica en deportes o actividades físicas escritas por los mejores profesionales de la forma más instructiva y sencilla posible.

La orquesta y sus instrumentos

GuíaBurros La orquesta y sus instrumentos
es una guía para conocer los instrumentos
musicales de una orquesta.

+INFO

http://www.instrumentosmusicales.guiaburros.es

Rutas por lugares míticos y sagrados de España

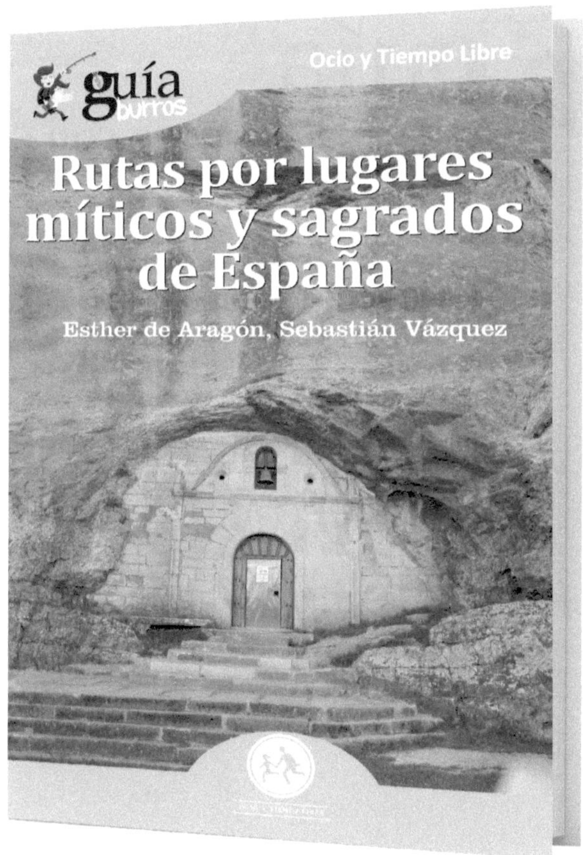

GuíaBurros Rutas por lugares míticos y sagrados de España

Descubre los enclaves míticos que no aparecen en las guias de viajes.

+INFO

http://www.rutas.guiaburros.es

 **Yoga con calor**

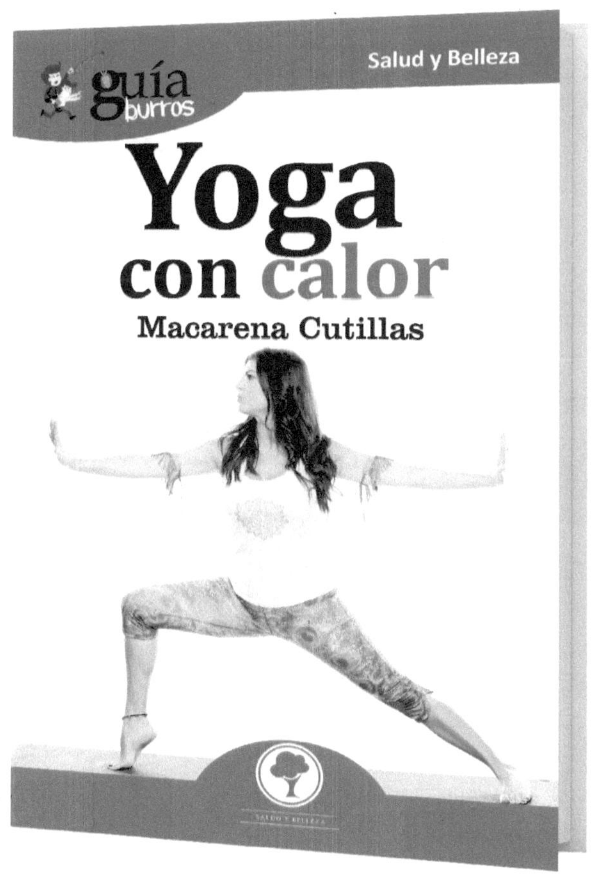

GuíaBurros Yoga con calor es una guía básica con todo lo que debes saber sobre esta práctica.

+INFO

http://www.yogaconcalor.guiaburros.es

BUDISMO

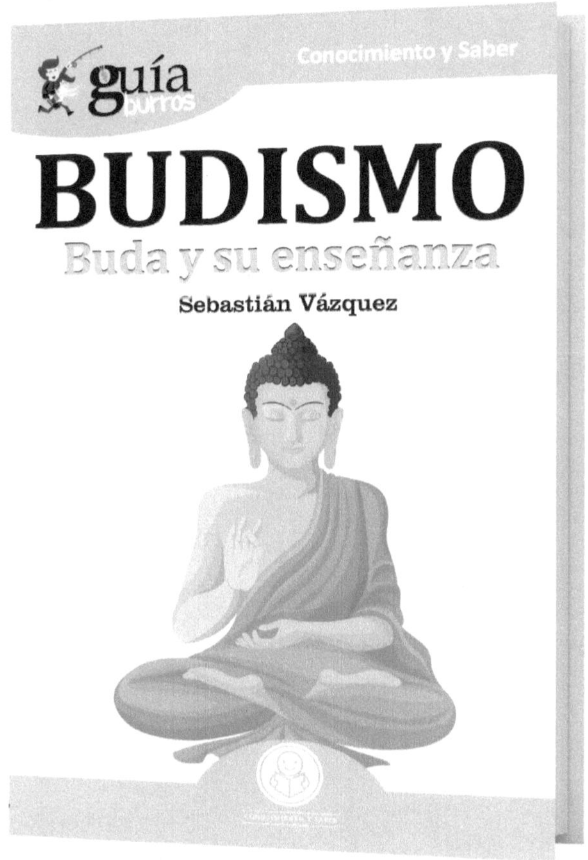

GuíaBurros Budismo te enseñará todo lo que debes saber sobre Buda y cómo hacer que forme parte de tu vida.

+INFO

http://www.buda.guiaburros.es

Nuestra colección